Tsjechov

Vertaald uit het Engels
en van noten voorzien door
Robbert-Jan Henkes & Erik Bindervoet

Oorspronkelijke titel: Lectures on Russian Literature

ISBN 90 76347 31 x

Vladimir Nabokov

De kunst van het lezen

Tsjechov

2004
Uitgeverij Hoogland & Van Klaveren

Anton Tsjechov (1860-1904)

Anton Pavlovitsj Tjechovs grootvader was lijfeigene geweest, maar voor 3500 roebel had hij zichzelf en zijn gezin vrijgekocht. Zijn vader was een kleine koopman die al zijn geld in de jaren 1870 verloor, waarop het hele gezin in Moskou ging wonen, terwijl Anton Pavlovitsj in Taganrog (Zuidoost-Rusland) achterbleef om het gymnasium af te maken. Hij voorzag in zijn eigen levensonderhoud. Na zijn eindexamen ging hij in de herfst van 1879 ook naar Moskou en schreef zich in aan de universiteit.

Zijn eerste verhalen schreef Tsjechov ter verlichting van de armoede die zijn familie leed.

Hij studeerde medicijnen en toen hij afgestudeerd was aan de universiteit van Moskou werd hij assistent van de districtsarts in een kleine provinciestad. Daar begon hij met het vergaren van zijn schat aan subtiele observaties: de boeren die voor medische bijstand naar zijn ziekenhuis kwamen, de legerofficieren (er was een batterij gelegerd in het stadje – een aantal van deze militairen vinden we terug in *De drie zusters*), en de talloze personages die zo typerend zijn voor het provinciale Rusland van zijn tijd en die hij later in zijn korte verhalen herschiep. Maar in deze periode schreef hij vooral humoristische schetsjes onder verschillende pseudoniemen, zijn eigen naam bewaarde hij voor artikelen van medische aard. De humoristische schetsjes werden gepubliceerd in verschillende kranten, die vaak hoorden bij elkaar fel bestrijdende politieke groeperingen.

Tsjechov zelf heeft zich nooit ingelaten met politieke bewegingen, niet omdat hij zich niets aantrok van het lot van het gewone volk onder het oude regime, maar omdat hij vond dat politiek bedrijven niet op zijn voorbestemde pad lag: ook hij diende zijn volk, maar op een andere manier. Rechtvaardigheid stond bij hem voorop en heel zijn leven verhief hij zijn stem tegen elke vorm van onrecht; maar dat deed hij als schrijver. Tsjechov was in de eerste plaats een individualist en een kunstenaar. Daarom was hij niet iemand die zich gemakkelijk bij partijen 'aansloot': zijn protest tegen feitelijk onrecht en onmenselijkheid uitte hij op zijn eigen manier. Critici die over Tsjechov schrijven, zeggen steeds dat ze maar niet kunnen begrijpen hoe hij het in zijn hoofd haalde om in 1890 een gevaarlijke en vermoeiende tocht te ondernemen naar het eiland Sachalin om daar het leven van de dwangarbeiders te bestuderen.

Zijn eerste twee verhalenbundels – *Bonte verhalen* en *In de schemering* – verschenen in 1886 en 1887 en werden onmiddellijk enthousiast ontvangen door het lezerspubliek. Vanaf dat moment werd hij gerekend tot de vooraanstaande schrijvers, kon hij zijn verhalen in de beste tijdschriften publiceren en kon hij zijn doktersloopbaan vaarwel zeggen en al zijn tijd aan de literatuur wijden. Al gauw kocht hij een klein landgoed nabij Moskou waar zijn hele familie kon wonen. De jaren die hij daar doorbracht, behoren tot de gelukkigste van zijn leven. Hij genoot met volle teugen van zijn onafhankelijkheid, van de gemakken die hij kon bieden aan zijn ouders die een dagje ouder werden, van de frisse lucht, van het werken in zijn eigen tuin, van de bezoekjes van vele vrienden. De familie moet vol vrolijkheid, vol grapjes hebben gezeten: er werd in huize Tsjechov vooral gelachen en lol gemaakt. *

"Tsjechov wilde niet alleen alles heel graag groen maken, bomen en bloemen planten, de aarde vruchtbaar maken, hij wilde sowieso altijd heel graag iets nieuws scheppen in het leven. Met heel zijn levenslustige, dynamische, onuitputtelijk actieve karakter, wijdde hij zich niet slechts aan het beschrijven van het leven,

* Aan het begin van deze lezing laste Nabokov de hier volgende passages in uit Kornej Tsjoekovski's *Friend Chekhov*, uit de *Atlantic Monthly*, 140 (september 1947), 84-90. [noot van de tekstbezorger, Fredson Bowers, 1981]

maar aan het veranderen, het opbouwen ervan. Hij was druk in de weer met de bouw van Moskous eerste Volkshuis, met een bibliotheek, een leeszaal, een aula en een theater; hij spande zich in om Moskou een kliniek voor huidziektes te bezorgen; met de hulp van de schilder Ilja Repin zette hij in Taganrog een museum voor Schilderkunst en Schone Kunsten op; hij gaf de aanzet tot de bouw van het eerste biologische station op de Krim; hij zamelde boeken in voor de scholen op het eiland Sachalin in de Stille Oceaan en liet ze daarheen in groten getale verschepen; hij bouwde niet ver van Moskou drie scholen op rij voor boerenkinderen, en tegelijkertijd een klokkentoren en een brandweerkazerne voor de boeren. Later, toen hij naar de Krim was verhuisd, bouwde hij daar een vierde school. In het algemeen werd hij gefascineerd door alles wat met constructie te maken had, want volgens hem vermeerderde dergelijk werk altijd het totaal van het menselijk geluk. Hij schreef aan Gorki: 'Als ieder mens deed wat hij kon op zijn stukje grond, wat zou onze wereld dan mooi zijn!'

"In zijn notitieboek maakte hij deze aantekening: 'Een Turk graaft een put voor zijn zielenheil. Het zou goed zijn als ieder van ons een school naliet, of een put, of iets soortgelijks zodat ons leven niet in de eeuwigheid verdwijnt zonder enig spoor achter te laten.' Dit alles vergde vaak zware inspanningen van hem. Toen hij bijvoorbeeld de scholen aan het bouwen was, had hij zelf alle rompslomp van de omgang met de arbeiders, metselaars, kachelinstallateurs en timmerlui; hij kocht al het bouwmateriaal zelf, tot en met de tegels en deuren voor de kachels en hij zag persoonlijk toe op de bouw.

"Of neem zijn werk als dokter. Tijdens de cholera-epidemie werkte hij helemaal alleen als plattelandsarts; zonder assistent had hij vijfentwintig dorpen onder zijn hoede. En neem de hulp die hij gaf aan de hongerenden in de jaren dat de oogst was mislukt. Hij had vele jaren praktijkervaring als dokter, voornamelijk onder de boeren van de Moskouse voorstadjes. Volgens zijn zuster, Maria Pavlovna, die hem als gediplomeerd verpleegster hielp, 'behandelde hij meer dan duizend zieke boeren per jaar in zijn huis, gratis, en hij voorzag ze allemaal van medicijnen.'" Er zou een heel boek te schrijven zijn over zijn werk in Jalta als lid van het Comité van Hoeders voor Bezoekende Patiënten. "Hij nam zo veel op zich dat hij op zichzelf bijna het hele instituut zelf uitmaakte. Veel tbc-lijders gingen in die dagen naar Jalta, zonder een cent op zak, en ze kwamen helemaal uit Odessa, Kisjinjov, en Charkov, alleen omdat ze hadden gehoord dat Tsjechov in Jalta zat. 'Tsjechov maakt het wel in orde voor ons. Tsjechov zal wel onderdak voor ons regelen, en een eetzaal en een behandeling.'" (Tsjoekovski)

Van deze grote goedheid is Tsjechovs literaire werk doordrongen, maar het is bij hem geen onderdeel van een program of een literaire boodschap, maar eenvoudig de natuurlijke kleur van zijn talent. En hij werd aanbeden door al zijn lezers, dat wil zeggen door zo goed als heel Rusland, want in zijn laatste levensjaren was zijn roem echt heel groot. "Zonder zijn fenomenale vriendelijkheid in de omgang, zonder zijn voortdurende bereidheid om met wie dan ook een gesprek aan te knopen, te zingen met zangers en dronken te worden met dronkelappen; zonder zijn vurige belangstelling voor de levens, gewoontes, gesprekken en bezigheden van honderden, duizenden mensen, zou hij nauwelijks in staat zijn geweest tot het scheppen van die kolossale, encyclopedisch gedetailleerde Russische wereld van de jaren 1880 en 1890 die Tsjechovs *Verhalen* heet."

"'Weet je hoe ik mijn verhalen schrijf?' vroeg hij aan de radicale journalist en verhalenschrijver Korolenko, na hun eerste kennismaking. 'Zo!'

"'Hij wierp een blik op zijn werktafel,' vertelt Korolenko ons, 'pakte het eerste het beste voorwerp – toevallig een asbak – zette het voor me neer en zei: "Als je wil, heb je morgen een verhaal. Het heet *De Asbak*."'"

En voor Korolenko was het alsof op dat ogenblik de asbak een wonderbaarlijke metamorfose onderging: "Bepaalde ongearticuleerde situaties, avonturen die nog geen concrete vorm hadden gekregen, begonnen zich al uit te kristalliseren rond de asbak."

Tsjechovs gezondheid, die nooit echt goed was geweest (en die geleden had als gevolg van de ontberingen van zijn tocht naar Sachalin), noopte hem er al gauw toe op zoek te gaan naar een milder klimaat dan dat rond Moskou. Hij had longtuberculose. Hij vertrok, eerst naar Frankrijk, maar vestigde zich toen in Jalta, op de Krim, waar hij een buitenhuis met een bongerd kocht. De Krim in het algemeen, en Jalta in het bijzonder, zijn erg mooie plekken, met een betrekkelijk mild klimaat. Daar woonde Tsjechov van het einde van de jaren tachtig bijna tot aan zijn dood en hij verliet Jalta maar zelden om naar Moskou te gaan.

Het beroemde Moskouse Kunsttheater, in de jaren negentig opgericht door twee amateurs – de ene een amateurtoneelspeler, Stanislavski, de ander een literator, Nemirovitsj-Dantsjenko – allebei begiftigd met een buitengewoon talent voor ensceneren, was al beroemd voordat het met de opvoering van Tsjechovs toneelstukken begon, maar niettemin is het een feit dat dit theater pas echt zichzelf vond en nieuwe hoogtes van artistieke perfectie bereikte met de stukken van Tsjechov, die door het theater beroemd werden. "Tsjaika," de Meeuw, werd het embleem van het theater: een gestileerde afbeelding van een meeuw kwam op het doek en op de programma's van het theater te staan. *De kersentuin*, *Oom Wanja*, *De drie zusters* werden allemaal triomfen voor het theater en ook voor de auteur. Doodziek van de tbc verscheen Tsjechov gewoonlijk op de première, luisterde hij naar de geestdriftige bijval van het publiek, genoot hij van het succes van zijn stuk, waarna hij nog zieker dan hij al was, terugkeerde naar zijn toevluchtsoord in Jalta. Zijn vrouw, juffrouw Knipper, een van de sterren, ik mag wel zeggen *de* ster van het theater, bracht hem soms korte bezoekjes op de Krim. Het was geen gelukkig huwelijk.

Zo maakte hij in 1904, heel ziek, zijn opwachting bij de première van *De kersentuin*. Het publiek had hem niet verwacht en zijn komst bracht een stormachtig applaus teweeg. Daarna werd hij gefêteerd door de elite van de Moskouse intelligentsia. Er werden eindeloze toespraken gehouden. Hij was zo zichtbaar verzwakt door zijn ziekte dat er kreten uit het publiek opklonken: "Ga zitten, ga zitten... Geef Anton Pavlovitsj een stoel."

Kort daarna maakte hij zijn laatste reis, voor een kuur, dit keer naar Badenweiler in het Duitse Zwarte Woud. Toen hij daar aankwam, had hij nog precies drie weken te leven. Op 2 juli 1904 stierf hij, ver van zijn familie en vrienden, te midden van vreemdelingen, in een vreemde stad.

- • -

Er is een verschil tussen echte kunstenaars als Tsjechov en didactische als Gorki, een van die naïeve en neurotische Russische intellectuelen die dachten dat het met een beetje geduld en vriendelijkheid wel goed zou komen met de ongelukkige, halfwilde, onpeilbare Russische boer. Zie in dit verband Tsjechovs verhaal De *nieuwe villa*.

Een rijke ingenieur heeft voor zichzelf en zijn vrouw een huis gebouwd; er is een tuin, een fontein, een spiegelbol, maar geen bouwland – het gaat om de frisse lucht en de ontspanning. Twee van zijn paarden, prachtige, glanzende, gezonde, sneeuwwitte dieren, die wonderbaarlijk veel op elkaar lijken, worden door de koetsier naar de smid gebracht.

"Zwanen zijn het, echte zwanen," zegt de smid terwijl hij met heilig ontzag naar ze kijkt.

Een oude boer komt erbij staan. "Goed," zegt hij met een sluwe en ironische glimlach. "Ze zijn wit, maar wat dan nog? Stop mijn twee paarden vol met haver en ze glanzen net zo. Ik zou die twee wel eens voor de ploeg willen zien en dan de zweep erover."

Welnu, in een didactisch verhaal, vooral als het er een is met goede ideeën en bedoelingen, zou deze zin de stem der wijsheid vertolken, en de oude boer die zo eenvoudig en diepzinnig uitdrukking geeft aan het idee van een levenswijze die het bestaan reguleert, zou verderop opgevoerd worden als een goede, oude baas, het symbool van het bewustzijn van de boeren als opkomende klasse enz. Wat doet Tsjechov? Hoogstwaarschijnlijk was hij zich er niet van bewust dat hij de oude boer een waarheid in de mond had gelegd die heilig was voor de radicalen van zijn tijd. Waar het hem om ging, was dat het natuurgetrouw was, trouw aan het karakter van de man als personage en niet als symbool – een man die niet zo sprak omdat hij wijs was, maar omdat hij altijd onaangenaam uit de hoek wilde komen, om andermans plezier te vergallen: hij haatte de witte paarden, de dikke knappe koetsier; hij was zelf eenzaam, een weduwnaar, zijn leven was saai (hij kon niet tot werken komen vanwege een ziekte die hij "gryz'" (hernia) noemde of "glisty"(wormpjes)). Hij kreeg zijn geld van zijn zoon die in een patisserie in een grote stad werkte, en de hele dag liep hij te niksen en als hij een boer zag die een blok hout mee naar huis nam of zat te vissen, zei hij: "Dat hout is rot" of "Met dit weer bijten ze niet."

Met andere woorden, Tsjechov maakt van een personage geen materiaal voor een wijze les en hij geeft geen vervolg aan een socialistische waarheid, die het voor Gorki, of elke Sovjet-auteur zou zijn, door van de rest van de man een en al goedheid te maken (zoals je in een doorsnee bourgeoisverhaal als je van je moeder of van je hond houdt geen slechterik kan zijn). In plaats daarvan biedt hij ons een levend mens zonder zich te bekommeren om politieke boodschappen of schrijftradities.*

Het fundamentele idee achter Tsjechovs beste en slechtste personages lijkt dit geweest te zijn: zolang de Russische massa's verstoken blijven van echte morele en spirituele ontwikkeling, van fysieke gezondheid en welvaart, zullen alle inspanningen van de edelmoedigste en welwillendste intellectuelen, die bruggen en scholen bouwen terwijl de wodka-kroeg er nog steeds staat, op niets uitdraaien. Zijn conclusie was dat zuivere kunst, zuivere wetenschap, zuivere kennis, die niet rechtstreeks voeling hebben met de massa's, op de lange duur meer zullen bereiken dan de

* Nabokov besluit dit gedeelte met een geschrapte alinea: "Concluderend: Samen met Poesjkin is Tsjechov de zuiverste schrijver die Rusland heeft voortgebracht als het gaat om de algehele harmonie die uit hun werken spreekt. Misschien was niet helemaal eerlijk tegenover Gorki dat ik over hem heb gesproken in dezelfde lezing, maar het contrast tussen de twee is uitermate leerzaam. In de 21ste eeuw, als Rusland naar ik hoop een veel aangenamer land is dan het nu is, zal Gorki nog slechts een naam in een leerboek zijn, maar Tsjechov zal voortleven zolang er berken zijn en zonsondergangen en de drang om te schrijven." [noot van de tekstbezorger]

stuntelige en stuurloze pogingen van weldoeners. Hierbij dient aangetekend te worden dat Tsjechov zelf een Russische intellectueel van het Tsjechov-type was.

- • -

Geen schrijver heeft zo onnadrukkelijk zulke aandoenlijke personages geschapen als Tsjechov, personages die vaak kunnen worden samengevat met dit citaat uit zijn verhaal *Op de boerenwagen*: "Wat gek, overdacht ze, waarom geeft God juist zwakke, ongelukkige overbodige mensen een zachtmoedige aard, droevige, lieve, mooie ogen – en waarom word je zo door ze aangetrokken?" Zo heb je de oude dorpsboodschapper in het verhaal *In Dienstaangelegenheden* die kilometers lang door de sneeuw ploetert en zonder vragen te stellen allerlei onbelangrijke en nutteloze boodschappen rondbrengt die hij niet begrijpt. Dan heb je de jongeman uit *Mijn leven* die zijn comfortabele huis verlaat en een beroerde huisschilder wordt omdat hij niet langer tegen de walgelijke en wrede burgerlijkheid van het kleinsteedse bestaan kan, voor hem belichaamd door de vreselijke wildgroei van huizen die zijn vader de architect voor de stad bouwt. Welke schrijver zou de verleiding weerstaan om de volgende tragische parallel te trekken: vader bouwt huizen, zoon is gedoemd ze te schilderen? Maar Tsjechov maakt er zelfs niet de kleinste toespeling op: als hij er de nadruk op had gelegd, zou hij een pin in het verhaal hebben gedreven. In het verhaal *Het huis met de mezzanine* heb je het frêle jonge meisje met een in het Engels onuitsprekelijke naam, de frêle Mis'oes', die rilt in haar mousseline jurk in de herfstnacht en de "Ik" die zijn jas om haar smalle schouders slaat – en dan het licht uit haar raam en dan de romance die op een of andere manier als een nachtkaars uitgaat. In *De nieuwe villa* heb je de oude boer die met uiterst gruwelijke gevolgen de verkeerde conclusies trekt uit de futiele en lauwe vriendelijkheid van een excentrieke landheer, maar hem tegelijk uit de grond van zijn hart zegent; en als het door en door verwende oogappeltje van zijn meester in tranen uitbarst als het meisje zich bewust wordt van de vijandige houding van de andere dorpelingen, haalt hij een komkommertje uit zijn zak waar kruimels aan zitten, hij stopt die in haar hand en zegt tegen het verwende bourgeois kind, “Niet huilen hoor, meissie, want anders zegt mammie het tegen pappie en dan geeft pappie je een pak slaag” – wat exact zijn eigen dagelijkse gewoontes verraadt, zonder die te benadrukken of uit te leggen. In het verhaal *Op de boerenwagen* heb je de dorpsonderwijzeres die uit haar aandoenlijke dagdromerij wordt gehaald door de oneffenheden van een moeilijk begaanbare weg en de volkse maar goedbedoelde naam waarmee de voerman haar aanspreekt. En in zijn meest verbazingwekkende verhaal *In het ravijn* heb je de tedere en eenvoudige jonge boerenmoeder Lipa van wie de naakte rode baby door een andere vrouw wordt vermoord met één plens kokend water. En dat voorafgegaan door de prachtige scène waarin de baby nog gezond en vrolijk was en de jonge moeder met hem speelde – naar de deur ging, terugliep, van een afstandje een respectvolle buiging naar hem maakte, goedemorgen meneer Nikifor zei en dan naar hem toe holde om hem te knuffelen met een schreeuw van liefde. En in hetzelfde prachtige verhaal heb je de arme oude boerenvagebond die het meisje vertelt over zijn rondzwervingen door Rusland. Op een dag kwam hij ergens op de Wolga een heer tegen, die vermoedelijk uit Moskou was verbannen om zijn politieke opvattingen; hij wierp een blik op zijn lompen en zijn gezicht, barstte in tranen uit en zei luid, vertelt de boer dan: “Ach, zei de meneer tegen mij, zwart is je brood, zwart is je leven.”

Tsjechov was de eerste schrijver met zo’n groot vertrouwen in de onderstromen van suggestie om een bepaalde betekenis over te brengen. In hetzelfde verhaal over Lipa en haar kind heb je haar echtgenoot, een soort oplichter, die veroordeeld is tot dwangarbeid. Daarvoor, toen hij zich nog met succes bezighield met zijn duistere zaakjes, schreef hij brieven naar huis in een fraai handschrift, niet het zijne. Op een dag merkt hij terloops op dat zijn goede vriend Samorodov die brieven voor hem schrijft. We krijgen die vriend van hem nooit te zien; maar als de echtgenoot tot dwangarbeid is veroordeeld, zijn de brieven die uit Siberië komen in datzelfde fraaie handschrift geschreven. Meer niet, maar het is zonneklaar dat de goede Samorodov, wie hij ook wezen mocht, zijn handlanger was en dat hij nu dezelfde straf ondergaat.

- • -

Ooit zei een uitgever tegen mij dat er bij elke schrijver ergens van binnen een bepaald getal was gegraveerd, het exacte aantal pagina's dat de limiet was voor elk boek dat hij ooit zou schrijven. Mijn aantal was 385, herinner ik me. Tsjechov kon nooit een goede lange roman schrijven – hij was een sprinter, geen stayer. Kennelijk kon zijn blik het patroon van het leven dat zijn genie her en der ontwaarde, niet lang genoeg scherp houden: hij kon het in zijn fragmentarische levendigheid lang genoeg vasthouden om er een kort verhaal van te maken, maar het weigerde de helderheid en detaillering te behouden die nodig waren geweest voor een lange en afgeronde roman. Zijn kwaliteiten als toneelschrijver zijn slechts de kwaliteiten die hij had als schrijver van korte verhalen: zijn toneelstukken hebben dezelfde tekortkomingen die zijn volwaardige romans gehad zouden hebben als hij zich daaraan gewaagd had. Tsjechov is wel vergeleken met de tweederangs Franse schrijver Maupassant (die om een of andere reden de Maupassant wordt genoemd); en hoewel deze vergelijking Tsjechov in artistiek opzicht tekortdoet, hebben beide schrijvers één ding gemeen: ze konden het zich niet veroorloven lang van stof te zijn. Toen Maupassant zijn pen dwong een afstand te lopen die zijn natuurlijke vermogen ver te boven ging en romans schreef als Bel Ami (*Lieve vriend*) of Une Vie (*Een vrouwenleven*), bleken het op zijn best een reeks rudimentaire korte verhalen te zijn, die op een min of meer kunstmatige manier in elkaar overliepen, waardoor een enigszins onevenwichtig geheel ontstond zonder de innerlijke stroom die het thema voortstuwt en die zo vanzelfsprekend hoort bij de stijl van geboren romanschrijvers als Flaubert of Tolstoj. Op een faux pas in zijn jeugd na, heeft Tsjechov nooit geprobeerd een dik boek te schrijven. Zijn langste stukken, zoals Het Duel of Drie Jaren zijn nog steeds korte verhalen.

Tsjechovs boeken zijn droevige boeken voor humoristische mensen, dat wil zeggen: alleen een lezer met gevoel voor humor zal hun droefheid echt kunnen waarderen. Je hebt schrijvers die klinken als iets tussen een giechel en een geeuw – hiertoe behoren onder andere veel beroepshumoristen. Dan heb je nog andere schrijvers die iets zijn tussen een snik en een grimlach – Dickens was er een van. En dan heb je nog dat vreselijke soort humor dat een schrijver expres in stelling brengt om te zorgen voor een uitsluitend technische opluchting na een goede tragische scène – maar dat is een truc die ver af staat van ware literatuur. Tsjechovs humor hoort in geen van deze categorieën thuis; die was zuiver Tsjechoviaans. De dingen waren voor hem tegelijk grappig en droevig, maar je zou de droevigheid nooit opmerken als je er de humor niet van inzag, omdat ze allebei met elkaar verbonden waren.

Russische critici hebben opgemerkt dat Tsjechovs stijl, zijn woordkeus enzovoort, nergens blijk geven van de hoogsteigen artistieke obsessies van bijvoorbeeld Gogol, Flaubert of Henry James. Zijn woordenschat is beperkt, de manier waarop hij woorden combineert bijna triviaal – de bloemrijke passage, het smeuïge werkwoord, het broeierige bijvoeglijke naamwoord, het *crême-de-menthe* epitheton, gebracht op een zilveren schaal, waren hem vreemd. Hij was geen woordkunstenaar zoals Gogol dat was; zijn literaire stijl gaat naar feestjes in doordeweeks tenue. Daarom is Tsjechov een goed voorbeeld als je iemand moet uitleggen dat een schrijver een volmaakt kunstenaar kan zijn zonder dat hij buitengewoon levendig hoeft te zijn in zijn verbale techniek of buitengewoon gepreoccupeerd met de wendingen van zijn zinnen. Als Toergenjev ervoor gaat zitten om een landschap te beschrijven, merk je dat hij zorgt draagt voor de vouw in de broek van zijn zin; hij slaat zijn benen over elkaar en kijkt naar de kleur van zijn sokken. Tsjechov geeft er niet om, niet omdat die zaken niet belangrijk zijn – voor sommige schrijvers zijn ze vanzelfsprekend en heel erg mooi van belang, als het juiste temperament daar is – maar Tsjechov geeft er niet om, omdat verbale vindingrijkheid wezensvreemd is aan zijn temperament. Zelfs om een beetje slechte grammatica of om een slappe krantenfrase bekommerde hij zich niet.* Het wonderbaarlijke is dat Tsjechov, ook al vond hij het niet erg om steken te laten vallen die een slimme beginneling zou hebben vermeden, ook al was hij best tevreden met de Jan met de pet onder de woorden, zeg maar het Woord met de pet, er toch in slaagde een indruk van artistieke schoonheid over te brengen die ver uitsteeg boven die van veel schrijvers die dachten dat zij wisten wat rijk en mooi proza was. Hij deed dat door al zijn woorden in hetzelfde zwakke licht en in precies dezelfde grijstint te houden, iets tussen de kleur van een oude schutting en die van een laaghangende wolk in. De verscheidenheid van zijn stemmingen, de glans van zijn charmante geestigheid, de intens artistieke spaarzaamheid van karaktertekening, het levendige detail, en het wegebben van het menselijk leven – allemaal typisch Tsjechoviaanse kenmerken – worden versterkt doordat ze worden overgoten en omgeven door een zwak iriserende verbale neveligheid.

Zijn kalme en subtiele humor doordringt de grijsheid van de levens die hij schept. Voor de Russische filosofisch of sociaal gestemde criticus was hij de unieke exponent van een uniek Russisch karaktertype. Het is voor mij nogal moeilijk uit te leggen

* Nabokov schreef eerst "bekommerde hij zich minder" waarna hij verder ging met een passage die interessant genoeg is om bewaard te blijven, hoewel hij hem schrapte: "bekommerde hij zich minder dan bijvoorbeeld Conrad toen hij (volgens Ford Madox Ford) een woord van tweeëneenhalve lettergreep zocht – geen twee en geen drie, maar precies tweeëneenhalf – dat hij absoluut nodig had aan het einde van een bepaalde beschrijving. En omdat hij Conrad was, had hij volkomen gelijk, want dat was de aard van zijn talent. Tsjechov zou die zin hebben afgemaakt met een 'uit' of een 'in' en nooit op het einde hebben gelet – en Tsjechov was een veel grotere schrijver dan die goeie ouwe Conrad." [noot van de tekstbezorger]

wat dat voor type was of is, omdat het allemaal zo nauw verweven is met de algehele psychologische en sociale geschiedenis van Rusland in de negentiende eeuw. Het dekt niet helemaal de lading als je zegt dat Tsjechov zich bezighoudt met aardige en machteloze mensen. Het komt dichter bij de waarheid als je zegt dat zijn mannen en vrouwen zo aardig zijn omdat ze machteloos zijn. Maar wat de Russische lezer pas echt aansprak, was dat hij in de helden van Tsjechov het type van de Russische intellectueel herkende, de Russische idealist, een merkwaardig en aandoenlijk schepsel dat in het buitenland niet erg bekend is en dat in het Rusland van de Sovjets niet kan bestaan. De intellectueel van Tsjechov is iemand die het diepste menselijke fatsoen waartoe de mens in staat is, combineert met een bijna belachelijk onvermogen om zijn idealen en principes in daden om te zetten; iemand die geeft om morele schoonheid, het welzijn van zijn volk en het welzijn van het universum, maar in zijn privé-leven niet in staat is iets nuttigs te doen; die zijn provinciale leventje verbeuzelt in een waas van utopische dromen; die precies weet wat goed is, wat de moeite waard is om voor te leven, maar tegelijkertijd steeds dieper wegzinkt in de modder van een eentonig bestaan, ongelukkig in de liefde, hopeloos ondoelmatig in alles – een goed iemand die het er niet goed afbrengt. Dat is het karakter dat – verkleed als dokter, student, dorpsonderwijzer en vele andere beroepsbeoefenaars – voorbijkomt in alle verhalen van Tsjechov.

Wat zijn politiek aangelegde critici de schrijver nogal kwalijk namen, was dat hij dit type nergens onderbracht bij een bepaalde politieke partij noch hem van enig politiek program voorzag. Maar daar gaat het nu net om. Tsjechovs ondoelmatige idealisten waren geen terroristen, geen Sociaal Democraten, geen Bolsjewieken in de dop of een van de talloze leden van de talloze revolutionaire partijen in Rusland. Waar het om gaat, is dat deze typisch Tsjechoviaanse held het ongelukkige vehikel is van een vage, maar mooie menselijke waarheid, een last die hij niet kwijt kan raken maar ook niet kan dragen. Wat we in alle verhalen van Tsjechov zien, is een voortdurend struikelen, maar het is de struikeling van een man die struikelt omdat hij naar de sterren tuurt. Hij is ongelukkig, die man, en hij maakt anderen ongelukkig; hij heeft niet zijn naasten lief, noch hen die hem het meest nabij zijn, maar hen die het verst van hem af staan. Het lot van een neger in een ver land, een Chinese koelie, een arbeider in de verre Oeral, bezorgt hem een scherpere morele pijnscheut dan de tegenspoed van zijn buurman of de problemen van zijn vrouw. Tsjechov schiep vooral artistiek behagen in het vastleggen van alle subtiele variëteiten van dat vooroorlogse, pre-revolutionaire type van de Russische intellectueel. Die mannen konden dromen; ze konden niet regeren. Ze verwoestten hun eigen leven en dat van anderen, ze waren onnozel, zwak, onbeduidend, hysterisch; maar Tsjechov suggereert: gezegend zij het land dat dát menstype kan voortbrengen. Ze lieten kansen liggen, ze gingen daden uit de weg, ze brachten slapeloze nachten door met het ontwerpen van werelden die ze niet konden bouwen; maar het blote feit dat dergelijke mensen, vol van zo'n hartstocht, vuur van zelfverloochening, zuiverheid van geest, morele verhevenheid, dat blote feit dat zulke mensen hebben geleefd en dat ze waarschijnlijk nog steeds ergens weten te overleven in het genadeloze en smerige Rusland van vandaag, houdt de belofte in dat er betere tijden komen voor de wereld in het algemeen – want misschien wel de bewonderenswaardigste onder de bewonderenswaardige wetten van de Natuur is toch wel het overleven van de zwakste.

Vanuit dit standpunt konden zij die even geïnteresseerd waren in de ellende van het Russische volk als in de glorie van de Russische literatuur, vanuit dit standpunt konden zij Tsjechov waarderen. Hoewel hij nooit de behoefte voelde om een sociale of ethische boodschap te leveren, onthulde Tsjechovs genie bijna ongewild meer van de zwartste levensfeiten van het hongerige, verbaasde, serviele, boze boeren-Rusland dan een massa andere schrijvers, zoals Gorki bijvoorbeeld, die hun sociale ideeën lieten voorbijtrekken in een optocht van bordkartonnen figuren. Ik zou zelfs willen zeggen dat degene die Dostojevski of Gorki prefereert boven Tsjechov nooit in staat zal zijn het wezen van de Russische literatuur of het Russische leven te begrijpen, en nog veel belangrijker, het wezen van de universele literaire kunst evenmin. Onder Russen was het een sport om kennissen te verdelen in wie van Tsjechov hield en wie niet. Wie niet van Tsjechov hield, was niet uit het juiste hout gesneden.

Ik kan het van harte aanbevelen om zo vaak mogelijk Tsjechovs boeken op te pakken (zelfs in de vertalingen die ze hebben moeten lijden) en er doorheen te dromen zoals ze bedoeld zijn om doorheen gedroomd te worden. In een tijd van gezonde Goliaths is het heel nuttig om te lezen over delicate Davids. De grauwe landschappen, de dorre wilgen langs troosteloos modderige wegen, de grijze kraaien die door grijze luchten wieken, de plotselinge zweem van een of andere wonderlijke herinnering op een doodnormale hoek - al die aandoenlijke schemerigheid, al die heerlijke zwakheid, heel die Tsjechoviaanse duifgrijze wereld is het waard te koesteren in het schelle licht van die sterke, zelfvoldane werelden die ons worden beloofd door de aanbidders van totalitaire staten.

- • -

De dame met het hondje (1899)

Tsjechov komt het verhaal *De dame met het hondje* binnen zonder kloppen. Hij laat er geen gras over groeien. In de allereerste alinea wordt de hoofdpersoon bekendgemaakt, de jonge blonde dame gevolgd door haar witte keeshond, aan de waterkant van een kuuroord op de Krim, Jalta, aan de Zwarte Zee. En direct daarop verschijnt het mannelijke personage, Goerov. Zijn vrouw, die hij met de kinderen in Moskou heeft achtergelaten, wordt levendig geportretteerd: haar stevige bouw, haar zware zwarte wenkbrauwen en de manier waarop ze zichzelf 'een vrouw die nadenkt' pleegt te noemen. Opvallend is de magie van de onbenulligheden die de schrijver bij elkaar brengt – hoe de vrouw de gewoonte heeft een bepaalde onuitgesproken letter niet te schrijven en hoe zij haar man bij zijn lange en volle naam pleegt te noemen, allebei trekken die in combinatie met de indrukwekkende waardigheid van haar borstelig bewenkbrauwde gelaat en haar strenge houding precies de benodigde impressie geven. Een harde vrouw met de uitgesproken feministische en sociale ideeën van haar tijd, maar die door haar man diep in zijn hart bekrompen, saai en zonder enige gratie wordt gevonden. Er is een natuurlijke overgang naar Goerovs voortdurende ontrouw aan haar, naar zijn algemene opvattingen over vrouwen – 'dat inferieure ras' noemt hij ze, maar zonder dat inferieure ras kon hij niet bestaan. Het vermoeden rijst dat deze Russische romances niet bepaald zo lichtvleugelig waren als in het Parijs van Maupassant. Complicaties en problemen zijn onvermijdelijk bij de nette schoorvoetende Moskouse burgers, die traag en moeizaam beginnen, maar zich in eindeloze verwikkelingen storten als ze eenmaal op gang zijn gekomen.

Dan glijden we, met dezelfde directe aanvalsmethode, met het bruggetje 'en dus', terug naar de dame met de hond. Alles aan haar, zelfs haar kapsel, zegt hem dat ze zich verveelt. Aangestoken door de geest van het avontuur – hoewel hij heel goed beseft dat de manier waarop hij een vrouw alleen in een modieuze badplaats tegemoettreedt is ingegeven door vulgaire verhalen – aangestoken door die geest van het avontuur roept hij het hondje bij zich, dat aldus een schakel tussen hem en haar wordt. Ze bevinden zich beiden in een restaurant in de stad.

"'Hij gebaarde de keeshond naar hem toe te komen, en toen het hondje hem naderde, zwaaide hij met zijn vinger. De keeshond gromde; Goerov dreigde hem opnieuw.

"De dame keek hem even aan en sloeg haar ogen meteen neer.

"'Hij bijt niet,' zei ze en bloosde.

"'Mag ik hem een botje geven? vroeg hij; en toen zij knikte informeerde hij beminnelijk, 'Bent u al lang in Jalta?'

"'Een dag of vijf.'"

Ze praten. De schrijver heeft al laten doorschemeren dat Goerov geestig was in gezelschap van vrouwen; en in plaats van de lezer dat maar te laten aannemen (vergelijk de beproefde methode om een conversatie als 'sprankelend' te omschrijven zonder enig voorbeeld te geven), laat Tsjechov hem werkelijk charmant en innemend grappig zijn. 'U verveelt zich? Een gemiddelde burger woont in ... (hier vermeldt Tsjechov de namen van prachtig gekozen superprovinciale stadjes) en verveelt zich niet, maar als hij hier op vakantie komt is het een en al verveling en stof. Je zou denken dat hij uit Grenada kwam' (een naam die de Russische fantasie bij uitstek prikkelt). De rest van hun gesprek, waarop deze momentopname meer dan genoeg licht werpt, wordt indirect onthuld. Nu volgt een eerste glimp van Tsjechovs particuliere systeem om door de bondigste details van de natuur sfeer op te roepen, 'de zee was van een warme lila tint met een gouden pad voor de maan'; wie ooit in Jalta heeft gewoond weet hoe exact dit de indruk van een zomeravond daar weergeeft. Het eerste deel van het verhaal besluit met Goerov die bij het slapen gaan alleen in zijn hotelkamer aan haar denkt en zich haar fijne tere hals en haar mooie grijze ogen voor de geest haalt. Neem er nota van dat Tsjechov nu pas, via het medium van de verbeelding van de held, een zichtbare en vastomlijnde vorm aan de dame geeft, kenmerken die precies passen bij haar lusteloze manier van doen en verveelde uitdrukking die we al kennen.

"Toen hij in bed stapte bedacht hij dat ze nog maar pas geleden een schoolmeisje was geweest en lessen had geleerd, net als zijn eigen dochter; hij bedacht hoeveel bedeesdheid en hoekigheid er nog zat in haar lachen en haar manier van praten met een vreemde. Het was vast de eerste keer in haar leven dat zij alleen was, in een situatie waarin ze werd gevolgd, bekeken en aangesproken met maar één geheim doel dat ze wel moest kunnen raden. Hij dacht aan haar slanke, tere hals, haar mooie grijze ogen.

"'Toch heeft ze iets aandoenlijks over zich,' dacht hij voor hij in slaap viel."

Het volgende deel (de vier miniatuurhoofdstukken of muzikale delen waaruit het verhaal is opgebouwd, beslaan geen van alle meer dan vier à vijf pagina's), het volgende deel begint een week later als Goerov naar het paviljoen gaat en de dame op een hete winderige dag, als het stof rondvliegt, ijslimonade brengt; en 's avonds, als de sirocco is gaan liggen, lopen ze dan de pier op om naar het binnenkomende stoomschip te kijken. "De dame verloor haar lorgnet in de mensenmenigte," vermeldt Tsjechov kort, en deze nonchalante omschrijving, zonder directe invloed op het verhaal – gewoon een terloopse opmerking – past op de een of andere manier precies bij dat hulpeloze pathos waar al eerder toespelingen op zijn gemaakt.

Vervolgens worden in haar hotelkamer haar onhandigheid en tedere hoekigheid fijnzinnig kenbaar gemaakt. Ze zijn minnaars geworden. Met haar lange haar aan beide kanten van haar gezicht neerhangend zit ze nu in de teneergeslagen pose van een zondares op een oud schilderij. Er ligt een watermeloen op tafel. Goerov snijdt er een schijf af en begint op zijn gemak te eten. Dit realistische accent is opnieuw een typische Tsjechov-kunstgreep.

Zij vertelt hem over haar bestaan in de verre stad waar ze vandaan komt en Goerov is lichtelijk verveeld door haar naïviteit, verwarring en tranen. Pas nu krijgen we de naam van de echtgenoot te horen: von Dideritz – waarschijnlijk van Duitse afkomst.

Ze dwalen door Jalta in de vroege ochtendmist. "In Oreanda gingen ze op een bankje zitten, niet ver van de kerk, keken omlaag naar de zee en zwegen. Je kon Jalta nauwelijks zien liggen door de ochtendmist; witte wolken rustten bewegingsloos op de bergtoppen. De blaadjes hingen stil aan de bomen, de krekels tsjirpten en het doffe eentonige geluid dat van de zee beneden opruiste sprak van de vrede, de eeuwige slaap die ons wachtte. Zo ruiste het beneden toen hier nog geen Jalta, geen Oreanda was; zo ruist het nu, en zo zal het even hol en onverschillig ruisen als wij er niet meer zijn. ... Gezeten naast een jonge vrouw die er zo mooi uitzag in het ochtendgloren, dacht Goerov, vertroost en betoverd door de sprookjesachtige omgeving – de zee, de bergen, de wolken, de weidsheid – hoe eigenlijk alles mooi is op deze wereld als je erover nadenkt: alles behalve wat we zelf denken of doen wanneer we de hogere levensdoelen en onze eigen menselijke waardigheid vergeten.

"Er kwam een man op ze af – waarschijnlijk een bewaker – die ze aankeek en weer wegliep. En ook dit detail leek zo geheimzinnig en mooi. Ze zagen een stoomschip uit Feodosia aan komen varen met de lichten al gedoofd in het gloed van de dageraad.

"'Er ligt dauw op het gras,' zei Anna Sergejevna, na een stilte.

"'Ja, het is tijd om naar huis te gaan.'"

Daarna verstrijken er enige dagen en dan moet zij terug naar de stad waar ze woont.

"'Tijd voor mij ook, om noordwaarts te gaan,' dacht Goerov toen hij haar uitgeleide gedaan had." * En daar eindigt het hoofdstuk.

* In de marge voegt Nabokov er ten behoeve van zijn Cornell klas aan toe: "From Florida back to Ithaca." [noot van de tekstbezorger]

In het derde deel worden we halsoverkop in Goerovs Moskouse leven gestort. De weelde van een vrolijke Russische winter, Goerovs familie-aangelegenheden, de diners in de clubs en restaurants, dit alles wordt levendig en in rap tempo opgeroepen. Dan wordt er een bladzijde besteed aan iets vreemds dat er met hem is gebeurd: hij kan de dame met het hondje niet vergeten. Hij heeft veel vrienden, maar het zonderlinge verlangen om over zijn avontuur te praten vindt geen uitlaatklep. En als hij eens heel algemeen praat over liefde en vrouwen, kan niemand raden waarover hij praat, alleen zijn vrouw trekt haar donkere wenkbrauwen op en zegt: "Hou op met die aanstellerij; dat is niks voor jou."

En nu komt wat in Tsjechovs stille verhalen de climax mag heten. Er is iets dat de doorsnee burgerman romantiek noemt en iets dat hij proza noemt – maar allebei zijn ze het merg van poëzie voor de kunstenaar. Een dergelijk contrast schemerde al door in de schijf watermeloen die Goerov op een hoogst romantisch moment in een hotel in Jalta naar binnen zat te werken, uitgezakt en lekker doorkauwend. Dit contrast krijgt een prachtig vervolg als Goerov, laat op een avond als ze de club uitkomen, er eindelijk tegen een vriend uitflapt: Als je eens wist wat een verrukkelijke vrouw ik in Jalta ontmoet heb! Zijn vriend, een bureaucratische ambtenaar, stapt in zijn slee, de paarden zetten zich in gang, maar opeens draait hij zich om en roept Goerov. Ja? vraagt Goerov, kennelijk hopend op een reactie op wat hij zojuist zei. Tussen haakjes, zegt de man, je had helemaal gelijk. Aan die vis op de club zat absoluut een luchtje.

Dit is een natuurlijke overgang naar de beschrijving van Goerovs nieuwe stemming, zijn gevoel dat hij leeft onder wilden, waar het leven bestaat uit kaarten en eten. Zijn familie, zijn bank, de hele teneur van zijn bestaan, alles lijkt onbeduidend, saai en zinloos. Tegen kerstmis zegt hij zijn vrouw dat hij op zakenreis gaat naar Sint Petersburg, maar in plaats daarvan reist hij naar de verre stad aan de Wolga waar de dame woont.

In de goeie ouwe tijd, toen het maatschappelijk probleem de rage was in Rusland, waren critici van Tsjechov woedend over de manier waarop hij in hun ogen triviale en nodeloze zaken beschreef in plaats van eens grondig het probleem van het burgerlijke huwelijk te onderzoeken en op te lossen. Want zo gauw Goerov 's ochtends vroeg in de stad aankomt en de beste kamer van het plaatselijke hotel betrekt, komt Tsjechov, in plaats van met een beschrijving van zijn stemming of een verheviging van zijn morele dilemma, met iets wat artistiek is in de ware zin van het woord: hij vermeldt het grijze tapijt, gemaakt uit legerdoek, en het inktstel, eveneens grijs van het stof, met een ruiter die zwaaide met een hoed in zijn hand en wiens hoofd eraf was. Meer niet: het is niets maar het is alles in echte literatuur. Van dezelfde aanpak getuigt de fonetische transformatie die de hotelportier toepast op de Duitse naam von Dideritz. Als hij het adres eenmaal kent, gaat Goerov erheen en kijkt naar het huis. Ertegenover loopt een lange grijze schutting waar spijkers uit steken. Een onontkoombare schutting, zegt Goerov bij zichzelf, en hier krijgen we het slotakkoord in het ritme van de duffe en grijze ambiance die al werd opgeroepen door het tapijt, het inktstel en de ongeletterde uitspraak van de portier. De onverwachte kleine wendingen en de lichtheid van de accenten zijn het die Tsjechov boven alle Russische fictieschrijvers plaatsen op het niveau van Gogol en Tolstoj.

Weldra ziet hij een oude knecht naar buiten komen met het bekende witte hondje. Hij wil het hondje (in een soort geconditioneerde reflex) roepen, maar plotseling begint zijn hart sneller te kloppen en in zijn opwinding kan hij zich de naam van de hond niet herinneren – nog zo'n prachtig accent. Later besluit hij naar het plaatselijke theater te gaan, waar de operette *De Geisha* in première gaat. In zestig woorden schildert Tsjechov een compleet beeld van een provinciaal theater, inclusief de gouverneur van de stad die zich bescheiden in zijn loge verborgen houdt achter een gordijn van pluche zodat alleen zijn handen zichtbaar zijn. Dan verschijnt de dame. En hij ziet heel duidelijk in dat op dit moment niemand in de hele wereld hem nader en liever en belangrijker is dan deze tengere vrouw, verloren in een kleinsteedse mensenmenigte, een in alle opzichten onopmerkelijke vrouw, met in haar hand een ordinaire lorgnet. Hij ziet haar man en herinnert zich hoe zij hem had bestempeld als een lakei – hij leek er inderdaad precies op.

Er volgt een bijzonder mooie scène waarin het Goerov lukt met haar te praten, en vervolgens hoe ze vlug en wild allerlei trappen op en gangen door lopen, dan weer naar beneden, dan weer naar boven, te midden van mensen in een keur aan provinciale ambtenaren-uniformen. Ook vergeet Tsjechov niet melding te maken van "twee schooljongens die op de trap stonden te roken en neerkeken op hem en haar".

"'U moet gaan,' ging Anna Sergejevna fluisterend verder. 'Hoort u, Dmitri Dmitritsj? Ik zal u komen opzoeken in Moskou. Ik ben nooit gelukkig geweest; ik ben nu niet gelukkig, en ik zal nooit, nooit gelukkig zijn, nooit! Laat me toch niet nog meer lijden! Ik zweer het, ik kom naar Moskou. Maar nu moeten we afscheid nemen. Mijn lieve, goede, dierbare, we moeten afscheid nemen!'

"Ze drukte hem de hand en liep snel naar beneden en toen ze zich omdraaide en naar hem keek, kon hij aan haar ogen zien dat ze echt ongelukkig was. Goerov stond een poosje te luisteren tot alles stil was geworden. Toen haalde hij zijn jas en verliet het theater."

Het vierde en laatste hoofdstukje geeft de sfeer van hun geheime ontmoetingen in Moskou. Zo gauw zij aankwam stuurde zij altijd een boodschapper met een rode pet naar Goerov. Op een dag was hij onderweg naar haar en hij had zijn dochter bij zich. Zij ging naar school, in dezelfde richting als hij. Sneeuw komt in grote natte vlokken langzaam naar beneden.

Op de thermometer, is Goerov zijn dochter aan het vertellen, is het een paar graden boven het vriespunt (in feite 37° erboven, in Fahrenheit), maar toch sneeuwt het. Dat komt omdat het alleen zo warm is op het aardoppervlak: in de hogere luchtlagen is de temperatuur heel anders.

En al sprekend en lopend bedenkt hij steeds dat geen levende ziel iets weet of ooit iets zal weten van hun geheime ontmoetingen.

Wat hem verbaast is dat heel het valse deel van zijn leven, zijn bank, zijn club, zijn conversaties, zijn sociale verplichtingen – dat dit alles zich openlijk afspeelt, terwijl het echte en interessante gedeelte verborgen is.

"Hij had twee levens: een openbaar, gezien en gekend door iedereen die het moest kennen, vol conventionele waarheid en conventioneel bedrog, precies als het leven van zijn vrienden en kennissen; en een ander leven dat zich in het geheim afspeelde. En door een vreemde, misschien toevallige samenloop van omstandigheden speelde alles wat interessant, belangrijk en onontbeerlijk voor hem was, alles waarin hij oprecht was en zichzelf niet bedroog, alles wat de kern van zijn leven uitmaakte, zich verborgen voor anderen af; terwijl alles wat vals was, de schulp waarin hij kroop om de waarheid te verhullen – zijn werk op de bank bijvoorbeeld, zijn gesprekken op de club, zijn opmerkingen over het 'minderwaardige ras', zijn verschijnen op jubilea met zijn vrouw – dat alles was openbaar. En anderen naar zichzelf beoordelend, geloofde hij niet wat hij zag, en hij stelde zich altijd voor dat iedereen zijn ware, meest interessante leven leidde onder de dekmantel van het verborgene, als onder de dekmantel van de nacht. Ieders persoonlijke leven is in verborgenheid gelegen, en misschien is het deels daarom dat de beschaafde mens zich zo zenuwachtig druk maakt om het behoud van zijn eigen privacy."

De slotscène is vol van het pathos dat meteen in het begin al werd opgeroepen. Ze zien elkaar, zij snikt, ze hebben het gevoel dat er geen intiemer paar, geen inniger vrienden te vinden zijn, hij ziet dat zijn haar al een beetje grijs wordt en weet dat alleen de dood een eind zal maken aan hun liefde.

"De schouders waarop zijn handen rustten waren warm en schokten. Hij voelde medelijden met dit leven, nog zo warm en mooi, maar waarschijnlijk al dichtbij het punt waarop het begint te verwelken zoals zijn eigen leven. Waarom hield ze zo veel van hem? Vrouwen zagen in hem altijd een ander dan hij was, en hun liefde gold niet hem maar de man die ze in hun verbeelding hadden geschapen en die ze hun hele leven begerig hadden gezocht; en achteraf, als ze hun vergissing inzagen, bleven ze desondanks van hem houden. En niet één was gelukkig met hem geweest. In het verleden had hij vrouwen ontmoet, had met ze verkeerd, was van ze gescheiden, maar geen enkele keer had hij bemind; het was alles geweest wat je maar wil, maar liefde was het niet. En nu pas, nu zijn haar begon te grijzen, was hij verliefd geworden, echt, waarlijk – voor het eerst in zijn leven."

Ze praten, bespreken hun situatie, hoe ze van die verplichte vuile verborgenheid kunnen afkomen, hoe ze altijd samen kunnen zijn. Ze vinden geen oplossing en op de typische Tsjechovmanier ebt de vertelling langzaam weg zonder definitieve punt erachter maar in de natuurlijke loop van het leven.

"En het leek alsof het nog maar even zou duren of de oplossing was gevonden, en dan zou er een nieuw en heerlijk leven aanbreken; en aan beiden was het duidelijk dat het einde nog heel ver weg lag, en dat het moeilijkste en ingewikkeldste nog moest komen."

In dit wonderschone korte verhaal van een bladzijde of twintig worden alle traditionele regels van het verhalen vertellen doorbroken. Er is geen probleemstelling, geen gebruikelijke climax, geen clou op het eind. En het is een van de beste verhalen die ooit geschreven zijn.

We noemen nu nog een keer de verschillende kenmerken die typerend zijn voor dit verhaal en andere verhalen van Tsjechov.

Ten eerste: Het verhaal wordt zo natuurlijk mogelijk verteld, niet na tafel bij de open haard zoals bij Toergenjev of Maupassant, maar zoals de ene persoon aan de andere de belangrijkste dingen in zijn leven vertelt, langzaam maar zonder pauze, met een enigszins gedempte stem.

Ten tweede: Exacte en rijke karaktertekening komt tot stand door zorgvuldige selectie en zorgvuldige verdeling van minieme maar opvallende kenmerken, met volmaakte verachting voor de uitgesponnen beschrijving, de herhaling en de nadrukkelijkheid van gewone schrijvers. In deze of gene beschrijving wordt één detail uitgezocht om de hele context te belichten.

Ten derde: Er is geen bijzondere les te trekken en geen bijzondere boodschap te halen. Vergelijk dit met de boodschappenwagentjes van de verhalen van Gorki of Thomas Mann.

Ten vierde: Het verhaal is gebaseerd op een stelsel van golven, op de nuances van deze of gene stemming. Als in de wereld van Gorki de vormende moleculen materie zijn, krijgen we hier, bij Tsjechov, een wereld van golven in plaats van deeltjes materie, wat, toevallig, dichter bij de moderne wetenschappelijke opvatting over het universum ligt.

Ten vijfde: De tegenstelling tussen poëzie en proza waar her en der met zoveel inzicht en humor op wordt gehamerd, is op lange termijn slechts een contrast voor de helden; in realiteit hebben we het gevoel, en dat is alweer typerend voor het ware genie, dat voor Tsjechov het hoogstaande en het laag-bij-de-grondse *niet* verschillend zijn, dat de schijf watermeloen en de violette zee en de handen van de stedelijke gouverneur essentiële punten van de "schoonheid plus medelijden" van de wereld zijn.

Ten zesde: Het verhaal heeft geen echt slot, want zolang er mensen zijn, komt er geen mogelijk en definitief einde aan hun moeilijkheden of verwachtingen of dromen .

Ten zevende: De verteller lijkt zich voortdurend in te spannen om de aandacht op trivialiteiten te vestigen, die ieder op zich in een ander type verhaal als wegwijzers zouden hebben gefungeerd om een wending in de handeling aan te geven – de twee jongens in het theater bijvoorbeeld waren dan luistervinken geweest en er zouden zich geruchten verspreiden, of het inktstel duidde op een brief die de loop van het verhaal zou veranderen; maar juist omdat deze trivialiteiten betekenisloos zijn, zijn ze van het grootste belang omdat ze de echte atmosfeer van dit bewuste verhaal geven.

- • -

In het geuldal (1900)

De handeling van *In het geuldal* (meestal vertaald als *In het ravijn*) vindt plaats een halve eeuw geleden – het verhaal werd geschreven in 1900. De plek, ergens in Rusland, is een dorp genaamd Oekléjevo: *klé* klinkt als *clay* en betekent "lijm". Het enige dat er over het dorp viel te vertellen, was dat ooit de oude koster tijdens een wake "tussen de bijgerechten wat korrelige kaviaar had zien staan en daar gulzig van was begonnen te eten; mensen stootten hem aan, trokken hem aan zijn mouw, maar hij leek wel versteend van genot: voelde niks en ging maar verder met eten. Hij at alle kaviaar op en er zat wel vier pond in de pot. En sindsdien waren jaren voorbijgegaan, de koster was al lang dood, maar dat van de kaviaar wist iedereen nog. Of het leven hier zo arm was of dat de mensen niet slim genoeg waren om iets anders op te merken dan dit onbelangrijke voorval van tien jaar terug, hoe dan ook hadden de mensen niets anders te vertellen over het dorp Oekléjevo." Of liever gezegd, er viel niets goeds te vertellen behalve dit. Hier had je tenminste een straaltje vreugde, een glimlach, iets menselijks. Alle rest was niet alleen kleurloos, maar ook slecht – een grijs wespennest van bedrog en onrecht. "Er stonden maar twee fatsoenlijke huizen van steen met ijzeren daken. In het ene zat het dorpsbestuur; in het andere, een huis van twee verdiepingen tegenover de kerk, woonde Grigori Petrovitsj Tsyboekin, een koopman afkomstig uit Jepifan." Beide huizen waren poelen des verderfs. Alles in het verhaal, behalve de kinderen en het kindvrouwtje Lipa, gaat een opeenvolging worden van misleidingen, een opeenvolging van maskers.

Eerste masker: "Grigori dreef een kruidenierszaak, maar dat was slechts voor de schijn: in feite handelde hij in wodka, vee, huiden, graan en varkens; hij handelde in alles waar hij zijn hand op kon leggen, en als er bijvoorbeeld in het buitenland vraag was naar eksters voor dameshoeden, dan verdiende hij dertig kopeken op elk paar vogels; hij kocht een bos voor de kap, leende geld tegen rente, en was in alle opzichten een handige oude baas." Deze Grigori zal ook een heel interessante metamorfose ondergaan in de loop van het verhaal.

De oude Grigori heeft twee zoons, een dove in en rond het huis, getrouwd met wat een sympathieke, vrolijke jongedame lijkt te zijn maar in werkelijkheid een boosaardige duivelin van een vrouw is; de andere zoon is een rechercheur in de stad, en nog vrijgezel. Merk op dat Grigori zijn schoondochter Aksinja meteen enorm waardeert: we zullen straks zien waarom. De oude Grigori, een weduwnaar, is hertrouwd; zijn nieuwe vrouw heet Varvara (Barbara): "Zo gauw zij was ingetrokken in een kamertje op de bovenste verdieping, leek alles in het huis op te klaren alsof er in alle ramen nieuw glas was ingezet. De olielampjes schenen helder voor de heilige beeltenissen, op de tafels lagen sneeuwwitte lakens, op de vensterbanken en in de voortuin verschenen roodgevlekte bloemen, en 's avonds werd niet gegeten uit een enkele schaal maar kreeg iedereen een eigen bord voor zich." Ook zij lijkt op het eerste gezicht een goede vrouw, een verrukkelijke vrouw, en in elk geval is ze goedhartiger dan haar man. "Wanneer Grigori's winkel aan de vooravond van een vastenperiode of tijdens het plaatselijke driedaagse kerkfeest bedorven pekelvlees aan de boeren sleet die zo sterk riekte dat je nauwelijks naast het vat kon blijven staan, en van de dronken boeren hun zeisen, mutsen en de doeken van hun vrouwen in onderpand aannam; wanneer de fabrieksarbeiders voor Pampus in de modder lagen van de slechte wodka en de verloedering dik als mist in de lucht leek te hangen, dan was het een soort van troost om te weten dat er daar boven in dat huis een rustige, keurig geklede vrouw was die niets met pekelvlees of wodka te maken had."

Grigori is een hard iemand, en hoewel hij nu tot de lagere middenklasse behoort, stamt hij rechtstreeks van de boeren af –

zijn vader was waarschijnlijk een welgestelde boer – en vanzelfsprekend haat hij boeren. Nu volgt:

Het *tweede masker*: Achter haar vrolijke verschijning is Aksinja ook hard en daarom bewondert Grigori haar zo. Deze mooie vrouw is een zwendelaarster: "Aksinja stond in de winkel, en van het erf hoorde je het rinkelen van flessen en van geld, haar lachen en luide praten en de boze stemmen van klanten die zij had bedrogen, en op hetzelfde moment zag je dat de illegale verkoop van wodka al aan de gang was in de winkel. De dove zat ook in de winkel, of liep blootshoofds rond op straat, met zijn handen in zijn zakken, en keek afwezig nu eens naar de houten hutten, dan weer naar de hemel boven zijn hoofd. Zes keer per dag dronken ze thee; vier keer per dag gingen ze aan tafel om te eten. En 's avonds telden ze hun ontvangsten, schreven die in, gingen naar bed en sliepen vredig."

Nu volgt er een overgang naar de fabrieken voor bedrukt katoen in de stad en hun eigenaren. We noemen ze collectief de Chrymins.

Derde masker (overspel): Aksinja bedriegt niet alleen de klanten in de winkel, ze bedriegt ook haar man met een van deze fabrieks-eigenaren.

Vierde masker: Dit is maar een klein maskertje, een soort zelfbedrog. "Er werd ook een telefoon geïnstalleerd bij het dorpsbestuur, maar die ging al snel kapot toen het een nestplaats werd voor beddewantsen en kakkerlakken. De districtsoudste was half-analfabeet en schreef in de officiële documenten ieder woord met een hoofdletter. Maar toen de telefoon kapot ging zei hij: 'Ja, nu wordt het moeilijk zonder telefoon.'"

Vijfde masker: Dit slaat op Grigori's oudste zoon, de rechercheur Anisim. We zitten nu diep in het bedrog-thema van het verhaal. Maar Tsjechov houdt wat belangrijke informatie achter over Anisim. "De oudste zoon, Anisim, kwam heel zelden thuis, alleen op de hoogtijdagen, maar wel gaf hij aan een terugkerende dorpeling vaak cadeautjes mee en brieven, die door iemand anders met een heel mooi handschrift waren geschreven, altijd op een klein-foliovel dat eruitzag als een officieel verzoekschrift. De brieven stonden vol uitdrukkingen die Anisim in gesprekken nooit gebruikte: 'Geliefde pappa en mamma, ik stuur u een pond oranje peccothee ter bevrediging van uw fysieke behoeften.'" Er ligt hier een klein raadsel dat allengs zal worden opgehelderd, in het "iemand anders met een heel mooi handschrift.".

Als hij op een dag thuiskomt en iets aan hem doet vermoeden dat hij ontslagen is bij de politie, is er merkwaardigerwijs niemand die zich daarom bekommert. Integendeel, het is feest, wat aanleiding geeft tot trouwplannen. Dan zegt Varvara, de vrouw van Grigori en stiefmoeder van Anisim: "'Wat is dat nu, goeie help!' zei ze. 'Die jongen is al bijna achtentwintig en hij loopt nog steeds als vrijgezel rond...' Haar zachte, gelijkmatige stemgeluid blijft klinken uit de aangrenzende kamer als een reeks zuchten. Ze begint met haar man te fluisteren en met Aksinja en ook hun gezichten krijgen een sluwe en geheimzinnige uitdrukking alsof ze aan het samenzweren zijn. Er wordt besloten om Anisim te laten trouwen."

Kinderthema: Dit is de overgang naar de hoofdpersoon van het verhaal, het meisje Lipa. Zij is de dochter van een werkende weduwe, een werkster, en ze helpt haar moeder bij de arbeid. "Ze was mager, zwak en bleek, met tere, fijne gelaatstrekken, gebruind van het werken in de buitenlucht; er zweefde altijd een verlegen, weemoedige glimlach over haar gelaat en in haar ogen lag een kinderlijke uitdrukking, vol vertrouwen en nieuwsgierigheid. Ze was jong, een kind nog, haar boezem was nauwelijks ontwikkeld, maar ze kon trouwen want ze had de huwbare leeftijd bereikt [achttien]. Ze was echt mooi en het enige dat men misschien onaantrekkelijk kon vinden, waren haar grote mannelijke handen, die nu werkeloos afhingen als twee grote kreeftenscharen."

Zesde masker: Dit slaat op Varvara, die weliswaar niet onsympathiek is, maar eigenlijk een hol omhulsel van oppervlakkige goedheid waarbinnen zich niets bevindt.

Waarmee de hele familie van Grigori een maskerade van bedrog is.

Nu komt Lipa, en met Lipa begint een nieuw thema – dat van vertrouwen, kinderlijk vertrouwen.

Het tweede hoofdstuk eindigt met nog een glimp van Anisim. Alles aan hem is vals: er is iets helemaal mis, en hij weet het niet al te goed te verbergen. "Na de bruidsschouw werd de trouwdag vastgesteld. Anisim liep thuis voortdurend al fluitend door de kamers, of hij herinnerde zich plotseling iets, verzonk in gepeins en bleef strak naar de vloer kijken, zwijgend, alsof hij probeerde de diepten van de aarde te peilen. Hij gaf geen blijk van vreugde dat hij ging trouwen, zo snel al ging trouwen, de week van Sint Thomas [na Pasen], noch van de wens om zijn aanstaande te zien, maar ging gewoon door met fluiten tussen zijn tanden. En het was duidelijk dat hij alleen maar ging trouwen omdat zijn vader en stiefmoeder dat wilden, en omdat het gebruikelijk was in dorpen dat je de zoon uithuwelijkte om een vrouw erbij te krijgen als hulp in het huishouden. Toen hij vertrok was het zonder haast en hij gedroeg zich sowieso niet zoals hij tijdens vroegere bezoekjes had gedaan; hij was ongewoon vrijpostig en zei de verkeerde dingen".

Let in het derde hoofdstuk ook op Aksinja's groen en geel bedrukte jurk voor de bruiloft van Anisim en Lipa. Tsjechov gaat haar consequent beschrijven in termen van een reptiel. (In Oost-Rusland komt een soort ratelslang voor die 'geelbuik' wordt genoemd.) "De naaisters waren voor Varvara een bruine jurk aan het maken met zwarte kant en gitjes, en voor Aksinja een lichtgroene jurk met een geel front en een sleep." Van deze naaisters wordt verteld dat ze lid van de Sekte der Flagellanten zijn, maar dat betekende in 1900 niet veel meer – het wilde niet zeggen dat de leden zichzelf werkelijk geselden – het was gewoon een van de talrijke sekten in Rusland, net zoals er in dit land talrijke sekten zijn. Grigori bedriegt zelfs de twee arme meisjes: "Toen de naaisters hun werk gedaan hadden, betaalde Grigori hun niet in geld maar in goederen uit de winkel, en ze gingen terneergeslagen weg, met onder de arm pakketten talkkaarsen en blikjes sardientjes, waar ze helemaal geen behoefte aan hadden, en toen ze het dorp uit waren en op het open veld, gingen ze zitten op een heuveltje en huilden."

"Anisim arriveerde drie dagen voor de bruiloft, van top tot teen in het nieuw gestoken. Hij droeg glimmende rubberen overschoenen en in plaats van een das een rode ketting waar balletjes aan hingen, en over zijn schouders hing losjes, de mouwen leeg, een korte overjas, ook nieuw. Nadat hij zich statig voor de icoon had bekruist, groette hij zijn vader en gaf hem tien zilveren en tien halve roebels; aan Varvara gaf hij net zoveel, en aan Aksinja twintig kwartroebels. Het mooiste van het geschenk was dat alle munten, alsof ze erop waren uitgezocht, gloednieuw waren en blikkerden in de zon." Het zijn valse munten. Er wordt een toespeling gemaakt op Samorodov, Anisims vriend en medevervalser, een donker kereltje met het mooie handschrift waarin Anisims brieven naar huis waren geschreven. Het begint langzaamaan te dagen dat Samorodov het brein achter de valsemunterij is, maar Anisim doet erg zijn best zichzelf op te blazen, pochend op zijn geweldige opmerkingsgave en zijn talent als rechercheur. Maar als rechercheur, en als mysticus, weet hij: "Iedereen kan stelen maar er is nergens plaats om gestolen goed te verstoppen." Er ligt een zweem merkwaardige mystiek over dit vreemde karakter.

De prachtige beschrijving van de huwelijksvoorbereidingen zijn een genot om te lezen; vermeldenswaard is ook Anisims stemming daarna tijdens de voltrekking van het huwelijk in de kerk. "Hier stond hij op het punt getrouwd te worden, hij moest een vrouw nemen omdat het zo hoorde, maar daaraan dacht hij nu niet, op de een of andere manier was hij de hele bruiloft glad vergeten. Tranen vertroebelden zijn blik, waardoor hij de iconen niet kon zien, het was hem zwaar te moede; hij bad en smeekte God dat de tegenslagen die hem bedreigden en die zich misschien morgen, als het niet al vandaag was, over hem konden uitstorten, als het even kon aan hem voorbij zouden gaan, als onweerswolken in tijden van droogte een dorpje voorbijgaan zonder één druppel regen te laten vallen. [Hij wist hoe goed rechercheurs waren, want hij was er zelf een.] En zo veel zonden lagen er al opgetast in het verleden, zo veel zonden, en eronderuit komen was zo hopeloos dat het misplaatst zou zijn om zelfs maar om vergeving te vragen. Maar hij vroeg om vergeving, en snikte zelfs luid, maar niemand besteedde er enige aandacht aan, want men nam aan dat hij een slok te veel op had."

Even duikt het kinderthema op: "Er begon een kind te jammeren. 'Ik wil hier weg, mammaatje!' 'Stil daar!' riep de priester."

Dan wordt een nieuw personage geïntroduceerd; Jelizarov (bijgenaamd Kruk), een timmerman en aannemer. Het is een kinderlijk iemand, zachtaardig en naïef, en niet helemaal goed bij zijn hoofd. Hij en Lipa staan op hetzelfde niveau van deemoed, simpelheid en vertrouwen – en hij en zij zijn echte menselijke wezens ondanks hun gebrek aan sluwheid die de slechte personages in het verhaal hebben. Kruk, die vaag met de voorspellende gave schijnt te zijn begiftigd, probeert misschien intuïtief de ramp waarop het huwelijk gaat uitlopen af te wenden: "'Anisim en jij, mijn kind, houd van elkaar, leef een godvruchtig leven, kindertjes, dan zal de hemelse Moeder jullie niet in de steek laten... Kindertjes, kindertjes, kindertjes,' prevelde hij snel. 'Aksinja lief, lieve Varvara, laten we allemaal in vrede en saamhorigheid leven, mijn liefste hakbijltjes...'" Hij geeft mensen de koosnamen van zijn lievelingswerktuigen.

Achtste masker: Nog een masker, nog meer bedrog, is van toepassing op de districtsoudste van het dorp en zijn klerk, "die veertien jaar samen hadden gediend, en die in heel die tijd voor niemand ook maar één document hadden ondertekend en niemand uit het kantoor hadden laten vertrekken zonder hem te bedriegen of te benadelen. [Ze] zaten nu naast elkaar, beiden vet en verzadigd, en het leek alsof ze zo in leugens waren ondergedompeld dat zelfs de huid van hun gezicht van een merkwaardige, diefachtige soort was geworden." "In leugens ondergedompeld" – dit is één van de twee voornaamste grondtonen van het hele verhaal.

Merk de verschillende details van de bruiloft op: de arme Anisim tobbend over zijn hachelijke situatie, de ondergang die hem boven het hoofd hangt; de boerenvrouw buiten die roept "Jullie hebben ons bloed uitgezogen, monsters; krijg de pest!"; en de prachtige beschrijving van Aksinja: "Aksinja had naïeve grijze ogen die zelden knipperden, en een naïeve glimlach speelde voortdurend om haar mond. En in die vaste blik, en in dat hoofdje op die lange nek, en in haar tengere gestalte lag iets slangachtigs; geheel in het groen, met het gele front van haar lijfje en de glimlach om de lippen, leek ze op een adder die in de lente vanuit het jonge rogge naar voorbijgangers tuurt, zich uitrekt en zijn kop opsteekt. De Chrymins sprongen familiair met haar om en je kon heel goed zien dat ze al langer op intieme voet stond met de oudste van hen. Maar haar dove echtgenoot zag niets, hij keek niet naar haar; hij zat met zijn benen over elkaar en at noten, die hij kraakte met zijn tanden, zo luid dat het leek of hij een pistool afschoot.

"Maar zie, de oude Grigori zelf kwam naar het midden van de kamer en zwaaide zijn zakdoek ten teken dat ook hij de Russische dans wilde dansen, en door het hele huis en vanuit de menigte op het erf klonk een goedkeurend gemompel:

"'*Hijzelf* is naar voren gekomen! *Hijzelf!*...'

"Het ging lang door, tot twee uur in de ochtend. Anisim ging wankelend afscheid nemen van de zangers en muzikanten, en gaf aan elk van hen een nieuwe halve roebel. Zijn vader, die niet wankelde, maar iets moeizamer liep op één van zijn benen, deed zijn gasten uitgeleide en zei tegen elk van hen: 'De bruiloft heeft tweeduizend gekost.'

Bij het opbreken bleek dat iemand de goeie jas van de waard uit Sjikalovo had verruild voor een oude, en Anisim werd ineens woedend en begon te roepen: 'Halt! Ik vind hem meteen! Ik weet, wie hem gestolen heeft! Halt!'

Hij rende de straat op achter iemand aan, en die werd gepakt, teruggebracht naar het huis, en dronken, rood van woede en badend in het zweet de kamer in geduwd waar Lipa al door haar tante uitgekleed werd, en daar werden hij en zij opgesloten."

Na vijf dagen bekent Anisim aan Varvara, die hij respecteert omdat zij een fatsoenlijke vrouw is, dat hij elk moment gearresteerd kan worden. Als hij vertrekt naar de stad, krijgen we de volgende mooie beschrijving:

"Toen zij omhoog uit het geuldal reden, bleef Anismim achterom kijken naar het dorp. Het was een warme, heldere dag. Het vee werd voor het eerst naar buiten gedreven en de boerenmeisjes en boerenvrouwen liepen met de kudde mee in feestelijke kledij. De bruine stier loeide, blij om weer vrij te zijn, en woelde de grond om met zijn voorpoten. Aan alle kanten, boven en beneden, zongen de leeuweriken. Anisim keek om naar het sierlijke witte kerkje – het was pas onlangs gewit – en hij dacht eraan hoe hij er vijf dagen terug nog had gebeden; hij keek om naar de school met zijn groene dak, en naar het riviertje waarin hij zich altijd baadde en waar hij had gevist, en hij voelde zijn hart opspringen van vreugde, en hij zou willen dat er een muur oprees uit de grond die hem belette verder te gaan zodat hij zou achterblijven met niets dan het verleden."

Het is het laatste wat hij van het dorp ziet.

En nu de prachtige transformatie die Lipa ondergaat. Anisims geweten was hem niet alleen tot last, maar had zich in hem gepersonifieerd en was een vreselijke last geworden voor Lipa, hoewel zij niets afwist van zijn gecompliceerde leven. Nu zijn hij en zijn last verdwenen en is zij vrij.

"Met een oude afgedragen rok, op blote voeten en de mouwen opgestroopt tot aan de schouders, was ze de trap in het voorhuis aan het schrobben en zong daarbij met een zilveren stemmetje, en toen ze een grote teil vuil water naar buiten bracht en met haar kinderlijke glimlach opkeek naar de zon, leek het alsof ook zij een leeuwerik was."

Nu gaat Tsjechov iets heel moeilijks doen voor een schrijver. Hij gaat van Lipa's verbroken zwijgen gebruik maken zodat zij, de stille, de woordeloze, nu woorden vindt en de feiten naar buiten brengt die tot de catastrofe zullen leiden. Zij en Kruk komen terug van een lange voettocht naar een verafgelegen kerk, haar moeder is een eindje achtergebleven, en Lipa zegt: "En nu ben ik bang van Aksinja. Niet dat ze iets doet, ze glimlacht altijd, maar soms kijkt ze naar het raam en dan staan haar ogen zo boos en ligt er een groene glans in – als van schapen in de donkere stal. De jonge Chrymins brengen haar het hoofd op hol: 'Je ouweheer,' zeggen ze haar, 'heeft een stuk land bij Boetjokino, zo'n veertig hectare,' zeggen ze, 'en er is daar zand en water, dus, Aksinja,' zeggen ze, 'zet jij daar een steenfabriek neer dan doen wij daaraan mee.' Stenen doen nu twintig roebel de duizend, het is een lucratieve handel. Gisteren zei Aksinja tegen de ouweheer: 'Ik wil een steenfabriek neerzetten in Boetjokino; ik ga voor mezelf beginnen.' Ze moest er zelf om lachen toen ze het zei. En Grigori Petrovitsj' gezicht betrok, je kon zien dat hij het niet leuk vond. 'Zo lang als ik leef,' zei hij, 'gaan we niet uit elkaar, de familie moet bij elkaar blijven.' Toen keek ze hem toch aan, en ze knarste met haar tanden... Er kwamen beignets op tafel – die at ze niet! "

Als ze bij een grenspaal komen, voelt Kruk of hij stevig is, een handeling die overeenstemt met zijn karakter. Op dit punt zijn hij, Lipa en een groepje meisjes die paddestoelen aan het plukken zijn, representatief voor Tsjechovs gelukkige mensen, naïeve zachtmoedige mensen tegen een achtergrond van ongeluk en onrecht. Ze komen mensen tegen die van de jaarmarkt terugkomen: "Dan reed er weer een kar voorbij die stof opwolkte en daarachter draafde een onverkocht paard, dat blij leek dat het niet was verkocht." Er ligt hier een subtiel symbolisch verband tussen Lipa en het blije 'onverkochte' paard. Lipa's eigenaar is verdwenen. En een volgend punt, dat het kinderthema weerspiegelt: "Een oude vrouw had een jongetje bij de hand met een grote pet en grote laarzen; het jongetje was doodop van de hitte en door de zware laarzen waardoor hij zijn knieën niet kon buigen, maar toch blies hij onophoudelijk uit alle macht op een speelgoedtrompet. Ze waren de helling afgelopen en de straat ingeslagen, maar je kon de trompet nog steeds horen." Lipa ziet en hoort het jongetje omdat ze zelf een kind gaat krijgen. In de passage "Lipa en haar moeder, die in armoede waren geboren en bereid waren zo tot het eind toe te leven, aan anderen alles gevend behalve hun bange, zachtmoedige ziel, hebben zich misschien een ogenblik lang ingebeeld dat zij in deze grote, mysterieuze wereld, te midden van de eindeloze reeksen van levens, ook ergens goed voor waren," beveel ik in ieders aandacht aan, de woorden "hun bange, zachtmoedige ziel." Ook het opmerken waard is de mooie kleine schildering van de zomeravond:

"Eindelijk waren ze weer thuis. De maaiers zaten op de grond voor de poort en bij de winkel. Meestal weigerden de boeren van Oekléjevo voor Grigori te werken en moest hij mensen van elders huren, en nu in de duisternis leek het alsof er mannen met lange baarden zaten. De winkel was open en door de deuropening kon je zien hoe de dove zat te dammen met een jongen. De maaiers zongen zachtjes, bijna onhoorbaar, of riepen met stemverheffing om hun loon van de vorige dag, maar ze werden niet betaald uit vrees dat ze anders voor morgen zouden vertrekken. De oude

Grigori zat zonder jas, in zijn vest, met Aksinja onder de berk en dronk thee; op tafel stond een brandende lamp.

"'Hé, grootvadertje,' riep een maaier van buiten de poort, plagerig, 'betaal ons dan de helft! Hé, grootvadertje.'"

Op de volgende bladzijde beseft Grigori dat de zilveren roebels vals zijn en hij geeft ze aan Aksinja om weg te gooien, maar zij gebruikt ze om de maaiers te betalen. "Brutaal vrouwmens," roept Grigori stomverbaasd en geschrokken. Lipa vraagt aan haar moeder: "Waarom heb je me in zo'n familie laten trouwen?" Er is enig tijdsverloop na hoofdstuk 5.

Een van de treffendste passages in het verhaal vinden we in hoofdstuk 6: volslagen en goddelijk onverschillig tegenover de dingen die zich om haar heen afspelen (het verdiende loon van haar idiote echtgenoot en het vreselijke slangachtige kwaad dat uit Aksinja komt), wordt Lipa totaal in beslag genomen door haar kind. Zij belooft haar iele schriele baby haar eigen levendigste toekomstvisioen, het enige dat ze kent in het leven. Ze wiegt de baby en op het ritme van het wiegen spiegelt ze hem al zingzeggend voor: "Je wordt heel groot, een hele hele grote man. Je wordt een man, en dan zullen we samen het werk doen! We zullen samen vloeren schrobben!" Net zoals haar eigen levendigste jeugdherinneringen verbonden zijn met vloeren schrobben. "'Waarom houd ik zo veel van hem, Mamen'ka? Waarom heb ik zo'n medelijden met hem?' ging ze verder met trillende stem, en in haar ogen glommen tranen. 'Wie is hij? Wat is hij voor iemand? Zo licht als een veertje, als een kruimeltje, maar ik hou van hem, ik hou van hem alsof hij een echt iemand was. Kijk, hij kan niets, hij kan niet praten, en toch zie ik altijd aan zijn lieve oogjes precies wat hij wil.'"

Dit hoofdstuk eindigt met het nieuws dat Anisim zes jaar dwangarbeid in Siberië heeft gekregen. Dan wordt er een aardig accent toegevoegd; de oude Grigori zegt:

"'Ik maak me zorgen om het geld. Weet je nog voor de bruiloft dat Anisim me wat nieuwe roebels en halve roebels bracht? Eén pakketje heb ik toen opzij gelegd, maar de rest heb ik bij mijn eigen geld gestopt. Toen mijn oom Dmitri Filatytsj nog leefde – moge hij het koninkrijk Gods beërven – ging hij wel eens naar Moskou en naar de Krim om waren te kopen. Hij had een vrouw, en diezelfde vrouw legde het aan met andere mannen, als hij weg was om waren te kopen. Ze hadden zes kinderen. Als mijn oom een slok te veel op had, zei hij wel eens lachend: "Ik weet nooit," zei hij dan, "wie er nou van mij is en wie van een ander." Een ontspannen levenshouding, dat wel; en nu weet ik niet meer wat echte roebels zijn en wat valse. En ze lijken me nu allemaal vals... Ik koop een kaartje op het station, ik geef de man drie roebels, en ik blijf maar denken dat ze vals zijn. En ik ben bang. Het kan niet anders of ik ben ziek.'"

Vanaf dat moment is hij geestesziek en is hij in zekere zin verlost.

"Hij deed de deur open en gebaarde Lipa met gekromde vinger dat ze moest komen. Zij kwam naar hem toe met de baby in haar armen.

"'Als je iets nodig mocht hebben, Lipynka, je vraagt het maar,' zei hij. 'En eet alles wat je maar wil, we misgunnen het je niet, als het jou maar goed doet...' Hij bekruiste de baby. 'En zorg goed voor mijn kleinkind. Mijn zoon is weg, maar mijn kleinzoon is er nog.'

"Tranen biggelden langs zijn wangen; hij snikte en draaide zich om. Even later ging hij naar bed en sliep vredig, na zeven slapeloze nachten."

Dit was de gelukkigste avond van de arme Lipa – voor de verschrikkelijke gebeurtenissen die gaan volgen.

Grigori treft regelingen om het land bij Boetjokino, waar Aksinja een steenfabriek wil neerzetten, aan zijn kleinzoon te geven. Aksinja is furieus.

"'Vooruit! Stepan!' roept ze de dove toe, 'we gaan nu naar huis! We gaan naar mijn vader en moeder; ik wil niet met tuchthuisboeven leven. Maak je klaar!'

"Er hingen kleren aan waslijnen die over het erf waren gespannen; ze griste haar onderjurken en blouses nat en wel eraf en gooide ze over de gestrekte armen van de dove. Toen beende ze in haar woede het erf over, waar het wasgoed hing, en rukte alles eraf, en wat niet van haar was gooide ze op de grond en stampte erop.

"'Och christemezielen, houd haar toch tegen,' kreunde Varvara. 'Wat wil ze toch! Geef haar Boetjokino dan! Geef het haar dan, om hemels wil.'"

We komen nu aan de climax.

"Aksinja rende de keuken in, waar gewassen werd. Lipa stond in haar eentje de was te doen, de kokkin was naar de rivier gegaan om de kleren uit te spoelen. Er steeg stoom op uit de kuip en uit de ketel naast het fornuis, en in de keuken was het broeierig en benauwd van de damp. Op de vloer lag een hoop ongewassen goed, en Nikifor, met zijn rode beentjes trappelend in de lucht, lag er op een bankje naast, zodat hij zich niet zou bezeren als hij viel. Toen Aksinja binnenkwam, pakte Lipa net een van Aksinja's hemden van de stapel om in de kuip te doen, en ze strekte net haar arm uit naar een grote steelpan gevuld met kokend water die op de tafel stond.

"'Geef hier,' zei Aksinja, met een blik vol haat, en ze griste het hemd uit de kuip; 'Je hebt van mijn kleren af te blijven! Jij bent de vrouw van een tuchthuisboef, dus je moet je plaats kennen en weten wie je bent!'

"Lipa staarde haar in opperste verwondering aan; ze snapte het niet, maar plotseling ving ze de blik op de Aksinja op het kind wierp, en meteen begreep ze het en ze verstijfde...

"'Jij hebt mijn land afgepakt, dus dit is voor jou!' Met die woorden griste Aksinja de steelpan met kokend water en plensde het over Nikifor heen.

"Er volgde een schreeuw zoals nog nooit was gehoord in Oekléjevo, en niemand zou hebben geloofd dat een klein zwak schepsel als Lipa zo kon schreeuwen. En buiten op het erf was het plotseling stil. Aksinja liep in stilte het huis binnen met haar aloude naïeve glimlach om de lippen... De dove bleef het erf op en neer lopen met zijn armen vol wasgoed, toen begon hij het weer op te hangen, stil, zonder haast. En tot de kokkin terugkwam van de rivier durfde niemand de keuken in te gaan om te zien wat er gebeurd was."

De vijand is vernietigd, Aksinja glimlacht weer; het land wordt automatisch van haar. De dove die het wasgoed terughangt is een geniale zet van Tsjechov.

Het kinderthema wordt voortgezet wanneer Lipa te voet de lange lange weg terug van het ziekenhuis aflegt. Haar baby is gestorven; ze draagt zijn lichaampje gewikkeld in een deken.

"Lipa daalde de weg af, en voordat ze het gehucht had bereikt, ging ze zitten bij een kleine poel. Een vrouw kwam een paard brengen om te drenken maar het paard wilde niet drinken.

"'Wat wil je dan nog meer?' zei de vrouw tegen het paard, zacht en verbaasd. 'Wat wil je dan nog meer?'

"Aan de oever zat een jongen in een rood hemd zijn vaders kaplaarzen schoon te maken. En er was geen andere sterveling te bekennen, in het dorp of op de heuvel.

"'Drinkt niet,' zei Lipa, naar het paard kijkend.

Dit groepje verdient de aandacht. De jongen, niet haar jongen. Dit alles staat voor het eenvoudige huiselijke geluk dat zij had kunnen hebben. De symboliek van Tsjechov is altijd onnadrukkelijk.

"Toen vertrokken de vrouw met het paard en de jongen met de laarzen, en was er niemand meer over. De zon ging slapen, dekte zichzelf toe met een roodgouden kleed, en lange wolken van lila en rood, uitgestrekt uit over de hemel, bewaakten haar rust. Ergens ver weg riep een roerdomp, een hol, weemoedig geluid als van een koe die in de stal is opgesloten. De roep van die geheimzinnige vogel kwam ieder voorjaar terug, maar niemand wist hoe de vogel eruitzag of waar hij leefde. Boven, aan de top van de heuvel bij het ziekenhuis, in de bosjes aan de poel, en op het veld, waren de nachtegalen de keel uit hun lijf aan het zingen. De koekoek bleef maar iemands jaren tellen, de tel kwijtraken en weer opnieuw beginnen. In de poel kwaakten de kikkers kwaad naar elkaar, tot ze er bijna van ontploften en je kon zelfs de woorden verstaan: 'Ben je zellef! Ben je zellef!' Wat een lawaai was het! Het leek alsof al deze schepsels zongen en schreeuwden om te zorgen dat niemand die lentenacht zou slapen, zodat iedereen, zelfs de boze kikkers, met volle teugen van elke minuut kon genieten: want het leven wordt maar één keer gegeven!" Men kan de slechte Europese schrijvers van de goede onderscheiden op grond van het eenvoudige feit dat er bij een slechte meestal één nachtegaal per keer voorkomt, zoals in conventionele poëzie, terwijl er bij een goede meerdere tegelijk zingen, zoals in het echt, in de natuur, ook gebeurt.

De mannen die Lipa onderweg ontmoet zijn waarschijnlijk stokers of smokkelaars van clandestiene wodka maar in het maanlicht ziet Lipa ze anders.

"'Bent u heiligen?' vroeg Lipa aan de oude man.

"'Nee. Wij zijn van Firsanovo.'

"'U keek daarnet naar mij en het werd mij lichter te moede. [Er ligt een bijna bijbelse intonatie in de Russische tekst.] En de jongen is zo lief. Ik dacht, dat moeten heiligen zijn.'

"'Moet je nog ver?'

"'Naar Oekléjevo.'

"'Stap op, je kan mee tot Koezmenki, dan ga jij rechtdoor en wij slaan linksaf.'

"Vavila [de jongeman] stapte op de wagen met de ton en de oude en Lipa namen de tweede. Ze reden stapvoets, Vavila voorop.

"'Mijn zoontje heeft de hele dag vreselijke pijn geleden,' zei Lipa. 'Hij keek me aan met zijn kleine oogjes en zei niets; hij wilde praten maar kon het niet. Here God! Hemelse Moeder! In mijn verdriet bleef ik maar op de grond vallen; ik stond daar en dan viel ik zomaar neer naast het bed. En vertel me eens, grootvader, waarom moet zo'n kleintje zulke pijn lijden voor zijn dood? Als een volwassene, man of vrouw, pijn lijdt, worden zijn zonden vergeven, maar waarom een kleintje, als hij geen zonden heeft? Waarom?'

"'Wie kan dat zeggen!' antwoordde de oude.

"Ze reden een half uur in stilte verder.

"'We kunnen niet alles weten, het hoe en waarom,' zei de oude. 'Een vogel heeft geen vier vleugels gekregen om te vliegen maar twee, omdat hij aan twee genoeg heeft om te vliegen; en evenzo is het de mens niet toegestaan om alles te weten, maar alleen maar de helft of een kwart. Zoveel als hij nodig heeft om te leven, precies zoveel weet hij.'...

"'Maakt niet uit,' zei hij weer. 'Jouw verdriet is niet het ergste verdriet. Het leven duurt lang, er komen nog goede dingen en slechte dingen, alles komt nog. Groot is moedertje Rusland,' zei hij, en hij keek links en rechts om zich heen. 'Ik ben heel Rusland door geweest, en ik heb er alles gezien, dus je kunt me op mijn woord geloven, kindje. Er komen nog goede dingen en er komen nog slechte dingen. Ik ben als boodschapper uit mijn dorp te voet naar Siberië gegaan, en ik ben aan de Amoer geweest en in het Altajgebergte en ik heb me in Siberië gevestigd; ik heb er het land bewerkt, toen kreeg ik heimwee naar moedertje Rusland en ben ik teruggekeerd naar mijn geboortedorp... En toen ik thuiskwam, had ik, zoals men zegt, kind noch kraai; ik had een vrouw maar die is in Siberië gebleven, ze hebben haar daar begraven. Dus nu ben ik landarbeider. Nou en? En ik kan je zeggen: sindsdien heb ik het zowel goed als slecht gehad. Ik wil niet sterven, kindje, ik wil best nog twintig jaar leven; dus is er meer van het goede geweest. En groot is ons moedertje Rusland!' En weer keek hij naar links en rechts en ook achter zich...

"Toen Lipa thuiskwam, was het vee nog niet naar buiten gedreven; iedereen sliep. Ze ging op de buitentrap zitten wachten. De oude kwam het eerst naar buiten; hij begreep in één oogopslag wat er gebeurd was, en een hele poos kon hij geen woord uitbrengen, maar smakte alleen zijn lippen.

"'O Lipa,' zei hij, 'je hebt niet goed op mijn kleinzoon gepast...'

Varvara werd gewekt. Ze sloeg haar handen ineen en barstte in snikken uit, en begon meteen de baby af te leggen.

"'En het was zo'n mooi kindje...' zei ze. 'Och gut, och gut... Je had dat ene kindje, en je hebt er niet goed genoeg op gepast, sukkeltje.'"

In haar onschuld heeft Lipa er nooit aan gedacht de mensen te vertellen dat het Aksinja was die de baby had vermoord. Kennelijk gelooft de familie dat Lipa gewoon niet had opgelet en per ongeluk het kind had verbrand door een pot heet water omver te stoten.

Na de dodenmis bedient Lipa aan tafel "en de priester zei haar, tegelijkertijd aan zijn vork een gepekelde champignon in de lucht stekend: 'Wees niet bedroefd om het kindje. Want hun is het koninkrijk Gods.'

"En pas toen iedereen vertrokken was, besefte Lipa ten volle dat er geen Nikifor was en er nooit meer zou zijn, ze besefte het en barstte in snikken uit. En ze wist niet naar welke kamer ze moest gaan om uit te snikken, want ze voelde dat nu haar kindje dood was, er geen plaats meer voor haar was in het huis, dat ze geen reden had om hier te zijn, dat ze in de weg stond; en de anderen voelden het ook.

"'Wat sta je hier te brullen?' schreeuwde Aksinja, die plotseling op de drempel verscheen; vanwege de begrafenis droeg ze nieuwe kleren en ze had haar gezicht gepoederd. 'Hou je kop!'

"Lipa probeerde op te houden maar kon het niet, en snikte luider dan ooit.

"'Versta je me?' schreeuwde Aksinja, in wilde woede stampvoetend. 'Tegen wie heb ik het? Verdwijn uit huis en kom hier nooit meer terug, tuchthuismeid. Wegwezen!'

"'Kom, kom, kom,' kwam de oude man zenuwachtig tussenbeide. 'Aksinja, maak niet zo'n misbaar, kind... ze huilt, natuurlijk huilt ze... haar kindje is dood...'

"'Natuurlijk huilt ze,' bauwde Aksinja hem na. 'Goed, vannacht kan ze hier nog blijven, maar laat ik haar morgen niet meer zien! "Natuurlijk huilt ze"...' bauwde ze hem opnieuw na, en ze liep lachend de winkel in."

Daarmee is de broze schakel die Lipa verbindt met het huishouden verbroken en verlaat zij het huis voorgoed.

In alle gevallen komt de waarheid geleidelijk boven tafel, behalve in Aksinja's geval.*

Het mechanische van Varvara's deugden komt goed tot uitdrukking in de confituren die ze altijd maakt: er is te veel, het versuikert en wordt oneetbaar. We denken aan de arme Lipa die er zo dol op was. De confiture heeft zich tegen Varvara gekeerd.

De brieven van Anisim komen nog steeds in dat mooie handschrift – kennelijk zit hij samen met zijn vriend Samorodov zijn gevangenisstraf uit in de mijnen van Siberië, zodat hier ook de waarheid uitkomt. "Ik ben hier altijd ziek en voel me ellendig, om Christus' wil help mij!"

De oude Grigori, half gek en ellendig, door niemand geliefd, is hier het levendigste voorbeeld van waarheid die naar buiten komt.

"Op een keer – het was een mooie herfstdag en het liep tegen

* Nabokov leidt het volgende gedeelte in met de volgende opmerkingen aan zijn leerlingen: "Er verstrijkt weer enige tijd tussen hoofdstuk 8 en 9. Het opmerken waard is het kostelijke Tsjechoviaanse detail als de dove een gouden horloge cadeau krijgt van de Chrymins, van wie er één of meer op intieme voet staan met zijn vrouw, een horloge 'dat hij voortdurend tevoorschijn haalt en aan zijn oor houdt.'" [noot van de tekstbezorger]

de avond – zat de oude Grigori voor de kerkpoort, de kraag van zijn pelsjas opgeslagen zodat er niets van hem te zien was behalve zijn neus en de klep van zijn muts. Aan het andere eind van de lange bank zaten de aannemer Jelizarov en naast hem Jakov, de conciërge van de school, een tandeloze grijsaard van zeventig. Kruk en de conciërge praatten.

"'Kinderen moeten hun ouders te eten en drinken geven... Eert uw vader en moeder...' was Jakov aan het zeggen met ergernis in zijn stem, 'maar zij, deze vrouw [Aksinja] heeft haar schoonvader het huis uit gezet; de oude baas heeft geen eten en geen drinken, waar moet-ie heen? Hij heeft al drie dagen geen hap te eten gehad.'

"'Drie dagen!' zei Kruk verbaasd.

"'Hier zit-ie en zegt geen woord. Hij is aan het verzwakken. Maar waarom zou-ie erover zwijgen? Hij moet haar aanklagen, in de rechtbank zou men haar niet prijzen!'

"'Wie heeft wie geprezen in de rechtbank?' vroeg Kruk, die hardhorend was.

"'Hè?' van de bewaker.

"'Met die vrouw is niks mis, ze doet haar best. In hun bedrijfstak kunnen ze niet zonder... zonder bedriegen, bedoel ik...'

"'Uit zijn eigen huis gezet!' ging Jakov geërgerd verder. 'Spaar eerst en koop je eigen huis, en zet dan mensen eruit! Het is een mooi portret, dat is zeker. Een kre-eng!'

"Grigori luisterde en verroerde zich niet...

"'Of het je eigen of andermans huis is maakt geen verschil zolang het er warm is en de vrouwen niet kijven...' zei Kruk, en hij lachte. 'Toen ik jong was hield ik erg van mijn Natasja. Een stil vrouwtje was het. Maar ze zat me maar op de huid: "Makarytsj, koop een huis! Makarytsj, koop een huis! Makarytsj, koop een paard!" Ze lag op sterven en nog steeds hetzelfde liedje: "Makarytsj, koop jezelf een renwagentje, dat je niet meer hoeft te lopen." Maar het enige wat ik voor haar kocht waren kruidkoeken, meer niet.'

"'Haar man is doof en oerstom,' ging Jakov verder, zonder naar Kruk te luisteren; 'zo stom als een gans. Hij snapt niks. Sla een gans met een stok op z'n kop en dan snapt-ie het nog niet.'

"Kruk stond op om naar huis te gaan. Jakov stond ook op, en samen liepen ze weg, nog steeds in gesprek. Na zo'n vijftig passen stond Grigori ook op en ging ze achterna, met onzekere tred, alsof hij op glad ijs liep."

In dit laatste hoofdstuk is de introductie van een nieuw personage, de tandeloze oude conciërge, opnieuw een geniale zet van Tsjechov, die daarmee de continuïteit van het bestaan suggereert, zelfs al is dit de conclusie van het verhaal – maar het verhaal zal voortgaan met oude en nieuwe personages, het zal verder stromen als het leven zelf.

Let ook op de synthese aan het slot van het verhaal: "Het dorp was al aan het verzinken in de avondschemer en de zon schitterde alleen nog op het bovenste stuk van de weg, die als een slang de helling op kronkelde." Het glimmende, slangachtige spoor, emblematisch voor Aksinja, vervaagt en verdwijnt in de serene gelukzaligheid van de avond. "Er kwamen oude vrouwen terug uit het bos met kinderen bij zich; ze droegen mandjes met paddestoelen. Boerenvrouwen en meisjes kwamen in een groep van het station waar ze wagons hadden volgeladen met bakstenen, waarvan het rode stof op hun huid en onder hun ogen was gaan zitten. Ze waren aan het zingen. Voor ze uit liep Lipa, de ogen gericht op de hemel, en ze zong met haar ijle stemmetje, jubelend alsof ze opgetogen was dat de dag eindelijk voorbij was en er nu gerust kon worden. Ook in de groep liep haar moeder, Praskovja, die nog steeds dagloonster was; ze hield haar doek waarin ze iets had meegenomen bij de knoop vast en hijgde zwaar.

"'Goedenavond, Makarytsj!' riep Lipa toen ze Kruk zag. 'Goedenavond, beste vriend!'

"'Goedenavond, Lipynka,' riep Kruk blij. Meisjes, vrouwen, heb de rijke timmerman lief! Ho-ho! Kindertjes, kindertjes van me. (Hier snikte Kruk.) Mijn lieve kleine hakbijltjes!'" Kruk is de niet erg efficiënte maar over het algemeen goede genius van de vertelling – enigszins licht in het hoofd zoals hij meestal was, had hij op de bruiloft woorden van vrede gesproken alsof hij de catastrofe nog probeerde af te wenden, maar vergeefs.

De oude Grigori smelt in tranen weg – een zwakke en stille Koning Lear.

"Kruk en Jakov vervolgden hun weg en ook hun gesprek. In hun kielzog kwam toen de oude Grigori voorbij en plotseling viel er een stilte in de groep. Lipa en Praskovja bleven iets achter en toen de oude man zich op gelijke hoogte bevond, maakte Lipa een diepe buiging en zei: 'Goedenavond, Grigori Petrovitsj.' Haar moeder maakte ook een buiging. De oude man hield halt en keek zonder iets te zeggen de twee aan; zijn lippen trilden en zijn ogen lagen vol tranen. Lipa haalde uit haar moeders samengeknoopte bundeltje een stuk boekweittaart en gaf het aan hem. Hij nam het aan en begon ervan te eten.

"De zon was inmiddels ondergegaan; ook de gloed op het bovenste stuk van de weg verdween nu. Het koelde af en werd donker. Lipa en Praskovja liepen verder en sloegen nog een hele tijd daarna kruisjes."

Lipa is haar oude zelf, ze versmelt in gezang, gelukkig binnen in de kleine omheining van haar beperkte wereldje, verenigd met haar dode baby in de koelte van de vallende avond – en onschuldig, onbewust brengt ze naar haar God het roze stof van de bakstenen die op dat moment het fortuin van Aksinja maken.

- • -

Aantekeningen over De Meeuw (1896)

In 1896 was *De Meeuw* (Tsjaika) een regelrechte flop in het Alexandrinski Theater in Sint Petersburg, maar in 1898 was het in het Moskouse Kunsttheater een enorm succes.

De eerste expositie – een gesprekje tussen twee bijfiguren, het meisje Masja en de dorpsonderwijzer Medvedenko – is geheel doordrongen van de stijl en de stemming van de twee. We komen wat over ze te weten en over de twee hoofdfiguren, de ontluikende actrice Nina Zaretsjnyj en de dichter Trepljov, die een amateurtoneelvoorstelling organiseren in een laan in het park: "Ze zijn verliefd op elkaar en vanavond worden hun zielen één in een poging een en hetzelfde kunstzinnige beeld te verwezenlijken," zegt de onderwijzer in de bloemrijke stijl die zo kenmerkend is voor een Russische semi-intellectueel. Hij heeft zijn redenen om hierop te zinspelen, hij is namelijk ook verliefd. Desalniettemin moeten we toegeven dat deze inleiding ontegenzeggelijk bot is.

Tsjechov wilde, net als Ibsen, altijd het liefst dat de uitleggerij zo snel mogelijk achter de rug was. Sorin, de futloze en goedmoedige landeigenaar, komt langs met Trepljov, zijn neef, die zich zenuwachtig maakt over het toneelstuk dat hij gaat opvoeren. De werklui die het podium hebben gebouwd, komen zeggen dat ze even een duik gaan nemen. En ondertussen heeft de ouwe Sorin aan Masja gevraagd of ze tegen haar vader (die zijn rentmeester is op het landgoed) kan zeggen dat hij ervoor zorgt dat de hond 's nachts rustig blijft. Zeg hem dat zelf maar, luidt haar afwijzende antwoord. Het volkomen natuurlijke ritme van het toneelstuk, de combinatie van vreemde kleine details die tegelijkertijd volkomen levensecht zijn – daarin openbaart zich het genie van Tsjechov.

In de tweede expositie praat Trepljov met zijn oom over zijn moeder, de professionele actrice, die jaloers is op de jongedame die in zijn toneelstuk gaat spelen. Je kan in haar bijzijn niet eens de naam van Duse laten vallen. Goeie God, je moest 's durven, roept Trepljov uit.

Bij een andere schrijver zou het beeld van de vrouw dat oprijst uit deze inleidende dialoog een vreselijk staaltje traditionele techniek opleveren, helemaal omdat het haar eigen broer is met wie de jongeman spreekt; maar puur op de kracht van zijn talent speelt Tsjechov het klaar. De details zijn allemaal even amusant: ze heeft zeventigduizend op de bank staan, maar als je haar om een lening vraagt, begint ze te huilen... Daarna heeft hij het over de sleur van het huidige toneel, over de huis-, tuin- en keukenmoraal ervan en over het nieuwe dat hij wil scheppen; en hij heeft het over zichzelf, over zijn gevoel van minderwaardigheid omdat zijn moeder altijd wordt omringd door beroemde kunstenaars en schrijvers. Het is een vrij lange monoloog. Door een behoedzaam geplaatste vraag komt hij te spreken over de schrijver Trigorin, de vriend van zijn moeder. Charme, talent, maar – maar op een of andere manier hoef je na Tolstoj en Zola geen Trigorin meer te lezen. Let op de plaatsing van Tolstoj en Zola, op hetzelfde niveau – typerend voor een jonge schrijver als Trepljov in die dagen, het einde van de jaren negentig.

Nina komt op. Ze was bang dat ze van haar vader, een naburige landheer, niet zou mogen komen. Sorin gaat iedereen roepen, want de maan komt op en het is tijd om met het stuk van Trepljov te beginnen. Let op twee typische Tsjechov-stappen, ten eerste: Sorin zingt een paar maten van een lied van Schubert, dan houdt hij zich in en vertelt lachend over de nare opmerking die iemand ooit maakte over zijn zangstem; ten tweede: als Nina en Trepljov daarna alleen achterblijven, kussen ze elkaar en meteen daarna vraagt zij, "Wat is dat voor een boom daar?" Het antwoord: een olm. "Waarom is die boom zo donker?" gaat ze verder. Deze futiliteiten onthullen de weemoedige hulpeloosheid van mensen beter dan alles wat er voor Tsjechov is uitgevonden – de oude man die een zootje van zijn leven heeft gemaakt, het tere meisje dat nooit gelukkig zal zijn.

De werklui komen terug. Het is tijd om te beginnen. Nina zegt iets over haar plankenkoorts – ze zal moeten spelen voor Trigorin, de schrijver van die prachtige korte verhalen. "Kweenie, ik heb ze niet gelezen," zegt Trepljov kortaf. Door critici, die het nu eenmaal leuk vinden zulke dingen op te merken, is erop gewezen dat de oudere actrice Arkadina jaloers is op de amateur Nina, die vooralsnog alleen nog maar droomt van een toneelcarrière, terwijl daarentegen haar zoon, de onsuccesvolle en niet bijster begaafde jonge schrijver, jaloers is op een echt goede schrijver, Trigorin (overigens een soort dubbelganger van Tsjechov, de beroeps zelve). Het publiek arriveert. Eerst de oude dokter Dorn en een oude vlam van Dorn, de vrouw van Sjamrajev, de rentmeester van Sorins landgoed. Vervolgens verschijnen Arkadina, Sorin, Trigorin, Masja en Medvedenko. Sjamrajev vraagt Arkadina naar een oude komische acteur die hij vroeger bewonderde. "U blijft me maar uithoren over fossiele nullen," antwoordt ze nogal korzelig.

Dan gaat het doek op. Er is een echte maan en uitzicht op het meer in plaats van een decor. Nina zit op een steen en spreekt een lyrische claus à la Maeterlinck, mystieke clichés, duistere banaliteiten. ("Het is iets in de decadente stijl," fluistert Arkadina. "Moeder!" zegt haar zoon op smekende toon.) Nina gaat door. Het idee is dat zij een geest is die praat als heel haar aardse leven voorbij is. De rode ogen van de duivel verschijnen. Arkadina maakt het belachelijk en Trepljov wordt kwaad, schreeuwt om het doek, en gaat weg. De anderen berispen haar omdat ze haar zoon heeft gekwetst. Maar zij voelt zichzelf beledigd – die opvliegende, ijdele jongen... en dat wil mij vertellen wat toneel moet zijn... De subtiliteit schuilt hierin dat Trepljov werkelijk verlangt de oude kunstvormen te slopen, maar het talent mist om er nieuwe voor in de plaats te bedenken. Let op wat Tsjechov hier doet. Welke andere schrijver zou het hebben aangedurfd om van zijn hoofdpersoon – een positief karakter, zoals dat heet, dat wil zeggen iemand die wordt verondersteld de sympathie van het publiek te winnen – wie anders zou het hebben aangedurfd om van hem een *minor poet* te maken, en tegelijk het echte talent te schenken aan de minst aangename personen in het stuk, aan de nare zelfvoldane actrice en de egomane, superkritische, pertinent professionele schrijver?

Er wordt gezongen op het meer. Arkadina roept de dagen van weleer in herinnering, toen het huis gevuld was met jeugd en vrolijkheid. Het spijt haar dat ze haar zoon heeft gekwetst. Nina verschijnt en Arkadina stelt haar voor aan Trigorin. "Oh, ik lees u altijd." Nu volgt een verrukkelijke kleine parodie op Tsjechovs eigen methode om poëzie en proza met elkaar te laten contrasteren. "Ja, het decor was prachtig," zegt Trigorin, en na een pauze voegt hij daaraan toe, "Dat meer schijnt vol vis te zitten." En het verbaast Nina dat een man, die, zoals zij het noemt, de genietingen van scheppend werk heeft ondervonden, zich kan vermaken met hengelen.

Zonder enig speciaal verband (wederom een typisch stijlmiddel van Tsjechov en op een mooie manier levensecht), maar duidelijk voortbordurend op de denktrant van zijn vorige conversatie, herinnert Sjamrajev zich een grappig voorval van jaren geleden in een theater. Dit wordt gevolgd door een pauze als de grap in het water valt en niemand lacht. Dan gaat het gezelschap uiteen, waarbij Sorin tevergeefs tegen Sjamrajev klaagt over de hond die 's nachts blaft, Sjamrajev een eerdere anekdote over een zanger uit het kerkkoor herhaalt, en Medvedenko, de socialistisch gezinde en behoeftige dorpsonderwijzer, informeert hoeveel zo'n zanger verdient. Het feit dat de vraag onbeantwoord blijft, choqueerde vele critici die harde feiten en cijfers van toneelstukken verlangden. Ergens las ik, herinner ik me, de serieuze stelling dat een toneelschrijver zijn publiek exact moet vertellen wat het inkomen van al zijn personages is, omdat anders hun stemmingen en handelingen niet volledig kunnen worden begrepen. Maar Tsjechov, het genie van het terloopse, bereikt in het harmonieuze samenspel van deze triviale opmerkingen veel grotere hoogtes dan de armzalige slaven van oorzaak en gevolg.

Dorn vertelt Trepljov, die nu weer verschijnt, dat zijn toneelstuk hem beviel – of wat hij er van gehoord had. Hij begint zijn eigen opvattingen uiteen te zetten, over het leven, ideeën en kunst. Trepljov, die eerst ontroerd was door zijn lof, onderbreekt hem nu twee keer. Waar is Nina? Hij stormt weg, bijna in tranen. "O, jeugd, jeugd!" zucht de dokter. Masja repliceert, "Als mensen niks anders meer kunnen verzinnen, zeggen ze O jeugd, jeugd." Ze snuift wat tabak tot grote weerzin van Dorn. Dan wordt ze plotseling hysterisch en vertelt hem dat ze wanhopig en hopeloos verliefd is op Trepljov. "Iedereen is zo nerveus," herhaalt de dokter. "Zo ontzettend nerveus... En iedereen is verliefd... Dat betoverende meer ook. Maar hoe kan ik je helpen, mijn arme kind, hoe?"

Zo eindigt het eerste bedrijf, en wij kunnen goed begrijpen dat het gemiddelde publiek in Tsjechovs tijd evenals de critici – de priesters van de middelmaat – er enigszins geïrriteerd en verbaasd bij zat. Er was geen sprake van een duidelijke ontwikkeling van een conflict. Of liever gezegd er waren een paar vage ontwikkelingen en een conflict dat niks voorstelde, want je kan geen bijzonder conflict verwachten van een ruzie tussen een opvliegende, maar zachtaardige jongen en een opvliegende, maar even zachtaardige moeder, waarbij ze allebei ook nog altijd spijt krijgen van zijn of haar in drift uitgesproken woorden. Daarnaast wordt er niets bijzonders gesuggereerd door de ontmoeting van Nina en Trigorin en de romances van de andere personages zijn doodlopende wegen. Het bedrijf eindigen met een overduidelijke impasse moet een belediging geweest zijn voor mensen die van een lekkere knokpartij houden. Maar ook al zat Tsjechov nog steeds vast aan precies die tradities die hij in de wind sloeg (in de nogal vlakke exposities bijvoorbeeld), toch zijn de onzinnigheden en de fouten in de ogen van de gemiddelde criticus in feite de kern waaruit ooit een echt groots drama zal groeien, want ik kan, met al mijn verknochtheid aan Tsjechov, niet verhelen dat hij ondanks zijn authentieke genie niet het volmaakte meesterwerk heeft geschreven. Het was zijn verdienste dat hij liet zien hoe je kon ontsnappen uit de kerker van de wet van oorzaak en gevolg, en dat hij de tralies doorbrak die de kunst van het toneel gevangen hielden. Waar ik op hoop is niet dat toekomstige toneelschrijvers alleen maar de feitelijke methodes van Tsjechov zullen herhalen, want die behoorden bij hem, bij zijn soort genie en kunnen niet geïmiteerd worden, maar dat er andere methodes zullen worden gevonden en toegepast die met nog meer kracht naar dezelfde vrijheid op het toneel zullen streven. Maar laten we ons nu richten op het volgende bedrijf en zien wat voor verrassingen dat in petto had voor een geïrriteerd en verbaasd publiek.

Tweede bedrijf. Een croquetveld en een deel van het huis en het meer. Arkadina geeft Masja een paar tips over hoe een vrouw fit kan blijven. Door een terloopse opmerking komen we te weten dat zij al een tijdje de maîtresse is van Trigorin. Sorin komt eraan, samen met Nina die er kan zijn omdat haar vader en stiefmoeder zijn vertrokken en drie dagen wegblijven. Er ontspint zich een onsamenhangend gesprek over het slechte humeur van Trepljov, over de slechte gezondheid van Sorin.

> MASJA. Als hij iets voorleest, fonkelen zijn ogen en trekt zijn gezicht bleek weg. Hij heeft een mooie droevige stem en hij heeft de manier van doen van een dichter.
> (SORIN *ligt achterover in een tuinstoel en snurkt.*) [*Het contrast!*]
> DR. DORN. Welterusten, mannetje.
> ARKADINA. Hallo Peter!

SORIN. Hè? Wat was dat? (*Gaat overeind zitten.*)

ARKADINA. Slaap je?

SORIN. Helemaal niet.

(*Een pauze.*) [*De grootmeester van de pauze, Tsjechov.*]

ARKADINA. Je doet niets voor je gezondheid – dat is niet goed, broer.

SORIN. Ik zou het wel willen, maar de dokter hier is er niet in geïnteresseerd.

DR. DORN. Wat heeft het voor nut om naar een dokter te gaan als je zestig bent.

SORIN. Een man van zestig wil ook leven hoor.

DR. DORN (*geïrriteerd*) Nou goed. Neem maar wat voor de zenuwen.

ARKADINA. Ik blijf erbij dat hij naar een Duits kuuroord zou moeten.

DR. DORN. Hm... Nou, ja, waarom ook niet. En aan de andere kant waarom ook wel.

ARKADINA. Snap jij wat hij bedoelt? Ik niet.

SORIN. Er valt niks te snappen. Het is allemaal volkomen duidelijk.

En zo gaat het door. Het verkeerde publiek zou de indruk kunnen krijgen dat de schrijver zijn kostbare twintig minuten, zijn tweede bedrijf, aan het verbeuzelen is, terwijl het conflict en de climax zich staan te verbijten in de coulissen. Maar alles gaat goed. De schrijver weet wat hij doet.

MASJA (*staat op*). Volgens mij is het tijd voor de lunch. (*Beweegt zich loom.*) Mijn voet slaapt. (*Af.*)

Dan verschijnt Sjamrajev en het zint hem niet dat zijn vrouw en Arkadina naar de stad willen terwijl de paarden nodig zijn voor de oogst. Ze maken ruzie; Sjamrajev wordt kwaad en weigert nog langer het landgoed te beheren. Kunnen we dit een conflict noemen? Oké, er was iets dat het heeft voorbereid – het akkefietje met de hond die hij 's nachts niet het blaffen wilde beletten – maar echt, echt, zegt de zelfvoldane criticus, wat is dit voor parodie?*

Wat Tsjechov, de vernieuwer, nu doet is heel eenvoudig en met veel aplomb teruggrijpen op een oude truc door Nina (die nu alleen achterblijft op het toneel) hardop te laten denken. Goed, ze is een ontluikende actrice – maar zelfs dat kan geen excuus zijn. Het is een nogal vlak monoloogje. Ze vindt het maar moeilijk te begrijpen dat een beroemde actrice huilt omdat ze haar zin niet krijgt en dat een beroemde schrijver de hele dag gaat zitten vissen. Trepljov komt terug van de jacht en gooit een dode meeuw voor Nina's voeten. "Het was een ploertenstreek van me dat ik die vogel heb doodgeschoten." Waarna hij eraan toevoegt: "Binnenkort schiet ik mezelf net zo dood." Nina is boos op hem: "De laatste tijd spreek je in symbolen. Deze vogel is blijkbaar ook een symbool. (*Ze legt hem op een bank.*) Maar het spijt me, ik ben te simpel; symbolen begrijp ik niet." (Merk op dat deze denktrant heel fraai wordt afgerond – Nina blijkt zelf het levende onderwerp van dit symbool te zijn, maar zij ziet het niet en Trepljov interpreteert het verkeerd.) Trepljov gaat tegen haar tekeer omdat zij koel en onverschillig jegens hem is geworden na het floppen van zijn toneelstuk. Hij heeft het over zijn eigen sukkeligheid. Er wordt vaag gezinspeeld op een Hamlet-complex, wat Tsjechov plotseling binnenstebuiten keert door Trepljov een ander Hamlet-mo-

* "Zelfs een moralist zou hierin niet de paradox kunnen ontdekken die typerend is, zou je kunnen zeggen, voor een klasse in verval: een werknemer die zijn baas uitkaffert – want dat was niet typerend voor het Russische landleven: het is gewoon een incident dat voortvloeit uit het karakter van de betreffende personages en die kunnen al of niet bestaan." (Door Nabokov geschrapte noot in de marge.) [noot van de tekstbezorger]

tief te laten toepassen op de figuur Trigorin, die binnen komt stappen met een boekje in zijn handen. "Woorden, woorden, woorden," schreeuwt Trepljov en hij gaat weg.

Trigorin noteert in zijn boekje een observatie over Masja: "Snuift tabak, drinkt sterke drank... Altijd in het zwart. De onderwijzer is verliefd op haar." Tsjechov had zelf zo'n aantekenboekje om personages te beschrijven die van pas zouden kunnen komen. Trigorin vertelt Nina dat hij en Arkadina, naar het zich laat aanzien, vertrekken (vanwege de ruzie met Sjamrajev). In antwoord aan Nina, die denkt dat "het geweldig moet zijn om een schrijver te zijn," steekt Trigorin een verrukkelijk betoog af van bijna drie bladzijdes. Dit betoog is zo goed en typeert een schrijver die de kans krijgt om over zichzelf te spreken zo raak, dat je de algemeen heersende afkeer van lange monologen in het moderne theater erdoor vergeet. Alle details van zijn beroep worden opmerkelijk goed naar voren gebracht. ".... Hier sta ik met u te praten, ik ben geroerd, maar tegelijk blijf ik eraan denken dat er nog een onafgemaakt lang kort verhaal op mijn bureau ligt te wachten. Ik zie bijvoorbeeld een wolk; ik zie dat hij op een piano lijkt, en meteen zeg ik tegen mezelf dat moet ik gebruiken in een verhaal. Een voorbijtrekkende wolk met de vorm van een piano. Of, noem maar wat, de tuin ruikt naar heliotroop. Ik sla het meteen op: de weeë zoete lucht, weduwenbloesem, moet ik gebruiken om een zomeravond te beschrijven..." Of dit stukje: "Toen er in het begin van mijn carrière een nieuw stuk van me werd opgevoerd, dacht ik altijd dat de donkerharige toeschouwers tegen mij waren en dat het de blonde toeschouwers koud en onverschillig liet...." Of dit: "Ja hoor, het is leuk om te schrijven, als je aan het schrijven bent... maar daarna... Het publiek leest het en zegt: Ja, leuk, hij heeft talent... Aardig – maar lang niet zo goed als Tolstoj; ... ja, een mooi verhaal – maar Toergenjev is beter." (Hier spreekt Tsjechov uit eigen ervaring.)

Nina blijft maar tegen hem zeggen dat zij al die problemen en teleurstellingen op de koop toe zou nemen, als ze maar beroemd werd. Trigorin werpt een blik op het meer, zuigt de lucht en het landschap in zich op en zegt dat het heel jammer is dat hij moet vertrekken. Zij wijst hem op het huis aan de overkant waar haar moeder woonde.

NINA. Daar ben ik geboren. Ik heb mijn hele leven bij dat meer doorgebracht en ken elk eilandje dat erin ligt.
TRIGORIN. Ja, het is mooi hier. (*Ziet de meeuw op de bank.*) En wat is dat?
NINA. Een meeuw. Trepljov heeft hem gedood.
TRIGORIN. Een mooie vogel. Echt, ik heb helemaal geen zin om weg te gaan. Alsjeblieft, probeer Madame Arkadin zover te krijgen dat ze blijft. (*Hij schrijft iets op in zijn boekje.*)
NINA. Wat schrijft u op?
TRIGORIN. O, niets... Zomaar een idee. (*Hij stopt zijn boekje terug in zijn zak.*) Een idee voor een kort verhaal: meer, huis, meisje houdt van het meer, vrij en blij als een meeuw. Man komt toevallig langs, een blik, een opwelling, en de meeuw is er geweest.
(*Pauze.*)
ARKADINA (*uit een raam*). Hallo, waar zit je?
TRIGORIN. Ik kom eraan!
ARKADINA. We blijven.
(*Hij gaat naar binnen.*)
(*NINA blijft alleen achter en peinst een ogenblik voor op het podium.*)
NINA. Een droom....

Doek.

Hier dienen drie dingen opgemerkt te worden over het einde van dit tweede bedrijf. Allereerst is ons Tsjechovs zwakke plek al opgevallen: het ten tonele voeren van jonge poëtische vrouwen. Nina is een beetje onecht. Die laatste zucht in de schijnwerpers is achterhaald, en die is juist zo achterhaald omdat hij niet op hetzelfde niveau van volmaakte eenvoud en natuurlijk realiteit staat als de andere dingen in het stuk. Zeker, we zijn ons er van bewust dat zij actricerig is enzovoort, maar toch wringt er iets. Trigorin zegt onder andere tegen Nina, dat hij zelden jonge meisjes tegenkomt en dat hij te ver heen is in het leven om zich een duidelijke voorstelling te kunnen maken van de gevoelens van meisjes van achttien, zodat die in zijn verhalen, zegt hij, meestal niet natuurgetrouw zijn. (Om met de schilder Sargent te spreken: er is iets mis met de mond, zoals de familie van degenen die voor hem poseerden placht te zeggen.) Wat Trigorin zegt is curieus genoeg van toepassing op Tsjechov, de toneelschrijver; want in zijn korte verhalen, zoals bijvoorbeeld *Het huis met de mezzanine* of *De dame met het hondje* komen de jonge vrouwen op een prachtige manier tot leven. Maar dat komt omdat hij ze niet al te veel laat praten. Hier praten ze wel en komt zijn zwakke plek aan het licht: Tsjechov was geen praterige schrijver. Dat is één.

Een ander punt is het volgende. Het heeft er alle schijn van, ook als we afgaan op zijn eigen subtiele benadering van het schrijversvak, zijn observatievermogen enzovoort, dat Trigorin echt een goede schrijver is. Maar op een of andere manier wekken de aantekeningen die hij maakt over de vogel en het meer en het meisje niet meteen de indruk dat ze een goed verhaal zullen opleveren. Tegelijk hadden we al geraden dat de plot van het stuk net dat ene verhaal zal zijn en geen ander. Schrijftechnisch gesproken gaat het nu hierom: zal Tsjechov het voor elkaar krijgen een goed verhaal te maken van materiaal dat in Trigorins aantekenboekje nogal afgezaagd klinkt? Als hij daarin slaagt, dan hebben we terecht verondersteld dat Trigorin een goede schrijver is die erin zal slagen om van een banaal thema een mooi verhaal te maken. Tot slot een derde opmerking. Zoals Nina zelf niet besefte wat de echte betekenis was van het symbool toen Trepljov de dode vogel kwam brengen, zo beseft ook Trigorin niet dat hij door in het huis bij het meer te blijven de jager zal worden die de vogel doodt.

Met andere woorden: het eind van het bedrijf is wederom duister voor het gemiddelde publiek omdat er nog niets verwacht kan worden. Wat is er tot nu toe gebeurd: er is ruzie geweest, er is een vertrek geregeld en er is een vertrek uitgesteld. Het echte belang schuilt juist in de vaagheid van de uitgesproken regels zelf en in artistieke halve beloftes.

Derde bedrijf, een week later. Een eetkamer in Sorins landhuis. Trigorin zit aan het ontbijt en Masja vertelt hem over zichzelf zodat "u, als schrijver, mijn leven ergens voor kunt gebruiken." Uit haar eerste woorden blijkt meteen dat Trepljov een zelfmoordpoging heeft gedaan maar dat zijn verwonding niet ernstig is.*

Blijkbaar is de liefde van Masja voor Trepljov tanende, want nu besluit ze te gaan trouwen met de onderwijzer om Trepljov te vergeten. Verder komen we te weten dat Trigorin en Arkadina nu op het punt staan om echt te vertrekken. Er volgt een scène met Nina en Trigorin. Ze geeft hem een cadeau, een medaillon, met inscriptie, de titel van een van zijn boeken en het nummer van een bladzijde en een regel. Als Arkadina en Sorin binnenkomen, gaat Nina gehaast weg, nadat ze Trigorin heeft gevraagd haar nog een paar minuten te gunnen voor hij vertrekt. Maar bedenk dat er geen woord van liefde is gesproken en dat Trigorin een beetje traag van begrip is. Het hele stuk door blijft Trigorin tot zichzelf mompelen, terwijl hij zich probeert te herinneren wat er in die regel op die bladzijde stond. Zijn er boeken van mij in dit huis?

* "NB: volgens de regels, waaraan ik een hartgrondige hekel heb, kan iemand zich niet tussen de bedrijven van het leven beroven, maar je kan hem wel een poging laten doen mits hij niet sterft; en omgekeerd, je kan niet iemand in het laatste bedrijf zijn zelfmoordpoging laten mislukken als je hem achter de schermen stuurt om er een eind aan te maken." (Nabokov in een geschrapte passage.) [noot van de tekstbezorger]

Jawel, in Sorins studeerkamer. Hij gaat weg om het benodigde boek te zoeken, een perfecte manier om hem van het toneel te krijgen.

Sorin en Arkadina bespreken de mogelijke redenen van Trepljovs zelfmoordpoging: jaloezie, verveling, trots.... Als hij oppert dat ze hem wat geld zou moeten geven, begint ze te huilen, wat ze altijd doet in dergelijke gevallen, precies zoals haar zoon had gezegd. Sorin raakt geëmotioneerd en krijgt een aanval van duizeligheid.

Nadat Sorin weggeleid is, praten Trepljov en Arkadina met elkaar. Dit is een enigszins hysterische en niet erg overtuigende scène. Stap één: hij oppert dat zijn moeder wat geld leent aan Sorin en zij antwoordt dat zij een actrice is en geen bankier. Een pauze. Stap twee: hij vraagt haar het verband om zijn hoofd te verschonen en terwijl zij dat heel teder doet, herinnert hij haar aan een daad van grote goedheid die zij ooit heeft verricht, maar die zij zich niet meer voor de geest kan halen. Hij zegt haar hoeveel hij van haar houdt maar – en nu komt de stap drie: waarom staat ze zo onder invloed van die man? Dit maakt haar boos. Hij zegt dat hij ziek wordt van Trigorins literatuur; jij bent een jaloerse nul, antwoordt zij; ze gaan vreselijk tegen elkaar tekeer; Trepljov begint te huilen; ze maken het weer goed (vergeef je zondige moeder); hij bekent dat hij van Nina houdt maar zij houdt niet van hem; hij kan niet meer schrijven, alle hoop is vervlogen. Het golven van de emoties is hier wat al te duidelijk – het lijkt meer op een demonstratie – de schrijver die de personages om de oren slaat met hun eigen streken. En dit wordt meteen gevolgd door een kwalijke blunder. Trigorin komt binnen, terwijl hij de bladzijden van het boek omslaat, op zoek naar de regel, en dan leest hij, zodat het publiek het kan horen: "Hier heb ik het: 'als je ooit mijn leven nodig hebt, kom het dan gewoon halen.'"

Het laat zich raden wat er in het echt zou zijn gebeurd: want normaal zou Trigorin, op jacht naar het boek in Sorins studeerkamer, het hebben gevonden op de onderste plank en de regels ter plekke op zijn hurken hebben gelezen. Zoals wel vaker gebeurt, leidt de ene vergissing tot de andere. De volgende zin is wederom erg zwak. Trigorin denkt hardop: "Waarom hoor ik zoveel droefenis in de roep van deze zuivere jonge ziel? Waarom krimpt mijn hart zo pijnlijk ineen?" Dit is zonder meer armzalig, en een goede schrijver als Trigorin zou zich nooit aan een dergelijk pathos overgeven. Tsjechov stond plotseling voor de moeilijke taak zijn schrijver menselijk te maken, en hij verknoeide het helemaal door hem op stelten te zetten zodat de toeschouwers hem beter konden zien.

Trigorin vertelt zijn maîtresse botweg dat hij wil blijven om zijn kansen bij Nina te wagen. Arkadina valt op haar knieën en in een heel goed ingeleefd betoog smeekt ze hem: Mijn koning, mijn mooie god.... Jij bent de laatste bladzijde van mijn leven, enz. Jij bent de beste hedendaagse schrijver, jij bent de enige hoop van Rusland, enz. Trigorin legt aan het publiek uit dat hij geen wilskracht heeft – zwak, slap, altijd gehoorzaam. Dan ziet zij dat hij iets opschrijft in zijn aantekenboekje. Hij zegt: "Vanochtend hoorde ik toevallig een mooie uitdrukking – het pijnbomenwoud van maagden. Die kan van pas komen... (*Hij rekt zich uit.*) Weer die treinwagons, stations, stationsmaaltijden, koteletten, conversaties...."*

Sjamrajev, die binnenkomt om te zeggen dat de koets klaar staat, heeft het over een oude acteur die hij ooit kende. Zo kennen we hem nog uit het eerste bedrijf, maar er lijkt toch iets merkwaardigs te zijn gebeurd. We hebben al gezien dat Tsjechov een

* "NB: wederom krijgen we een demonstratie. Na die van de wisselende stemmingen in de scène met moeder en zoon krijgen we hier de demonstratie van de man die weer verandert in de professionele schrijver - een tikkeltje te duidelijk. Er volgt nog een demonstratie: Sjamrajev..." (Nabokov in een geschrapte passage.) [noot van de tekstbezorger]

nieuw procédé heeft bedacht om zijn personages tot leven te wekken door ze een of andere domme grap mee te geven of een dwaze opmerking of een terloopse herinnering, en niet de vrek altijd maar te laten praten over zijn goud en de dokters over hun pillen. Maar nu neemt de gedwarsboomde godin van oorzaak en gevolg wraak en wat eerst een verrukkelijke terloopse opmerking leek, die de aard van de spreker onthulde, wordt nu een even onontkoombare en almachtige eigenschap als de gierigheid van de vrek. Trigorins aantekenboekje, Arkadina's tranen als het over geld gaat, Sjamrajevs toneelherinneringen – het worden allemaal vaste etiketten die even onaangenaam zijn als de terugkerende eigenaardigheden in traditionele toneelstukken – u weet waar ik het over heb – een particuliere grap die een personage het hele stuk door debiteert op de meest onverwachte of liever gezegd verwachte momenten. Hieruit blijkt maar weer dat Tsjechov er weliswaar bijna in geslaagd was een nieuw en beter soort toneel te scheppen, maar toch met al zijn vernuft verstrikt bleef in zijn eigen netten. Ik heb stellig de indruk dat hij niet gevangen zou hebben gezeten in deze conventies – precies die conventies die hij dacht te hebben doorbroken – als hij iets meer had geweten van de talrijke vormen die zij aannemen. Ik heb de indruk dat hij de toneelkunst niet volledig genoeg had bestudeerd, niet voldoende toneelstukken had bestudeerd, niet kritisch genoeg stond tegenover bepaalde technische aspecten van zijn medium.

Tijdens de drukte van het vertrek (waarbij Arkadina de drie bedienden een roebel geeft, destijds ongeveer vijftig dollarcent, met de herhaalde mededeling dat ze hem moeten delen) slaagt Trigorin erin een paar woorden te wisselen met Nina. We merken dat hij heel welsprekend is over haar deemoed, haar engelachtige zuiverheid enz. Ze vertelt hem dat ze besloten heeft een actrice te worden en naar Moskou te gaan. Ze spreken daar af en omhelzen elkaar. Doek. Het staat buiten kijf dat er weliswaar een paar goede dingen in dit bedrijf zitten, met name in de formulering, maar dat het ver onder het niveau van de eerste twee bedrijven staat.*

Vierde bedrijf. Er gaan twee jaar voorbij. Tsjechov offert doodgemoedereerd de oude wet van de eenheid van tijd op om de eenheid van plaats zeker te stellen, want in dat opzicht heeft het iets heel natuurlijks om over te gaan op de volgende zomer als Trigorin en Arkadina wederom verwacht worden op het landhuis van haar broer.

Een zitkamer die door Trepljov is veranderd in zijn studeerkamer – veel boeken. Masja en Medvedenko komen binnen. Ze zijn getrouwd en hebben een kind. Masja maakt zich zorgen om Sorin, die bang is om alleen te zijn. Ze hebben het over het geraamte van het toneel dat in de donkere tuin staat. Mevrouw Sjamrajev, de moeder van Masja, zegt tegen Trepljov dat hij wat aardiger moet zijn voor haar dochter. Masja houdt nog steeds van hem, maar hoopt nu dat zij hem zal vergeten wanneer haar man naar een ander district wordt overgeplaatst. Terloops vernemen we dat Trepljov voor tijdschriften schrijft. De oude Sorin heeft

* "Gelieve goed nota te nemen van de vreemde wraak die ik zojuist heb beschreven [van de godin van oorzaak en gevolg]. Er staat altijd wel zo'n duivel te wachten op de onoplettende schrijver, net op het moment dat hij denkt dat het gelukt is. En het allerbelangrijkste, het is juist nu, als de schrijver vanuit het standpunt van de traditie terug in het gareel is en als er iets als een climax op handen is en het publiek misschien niet rekent op *de* obligate scène (wat teveel gevraagd zou zijn van Tsjechov) maar dan toch op *een* obligate scène (wat merkwaardig genoeg grotendeels hetzelfde is – wat ik bedoel is een scène die, niet duidelijk is afgetekend in de verwachting maar toch ervaren wordt als het bevredigende "precies wat we willen" als het moment daar is – we kunnen het de bevredigende scène noemen), het is juist op dit moment dat Tsjechov op zijn slechtst is." (Door Nabokov geschrapte passage.) [noot van de tekstbezorger]

zijn bed hier in Trepljovs kamer laten neerzetten. Het is heel normaal dat een man die aan astma lijdt dat wil, uit een heftig verlangen naar verandering – niet te verwarren met de kunstgreep van het 'op het toneel blijven.' Er ontspint zich een verrukkelijke conversatie tussen de dokter, Sorin, en Medvedenko. (Arkadina is naar het station gegaan om Trigorin op te halen.) De dokter heeft het onder andere over het buitenland waar hij enige tijd en heel veel geld heeft besteed. Dan hebben ze het over andere dingen. Er is een pauze. Dan spreekt Medvedenko.

MEDVEDENKO. Als ik vragen mag, dokter, welke stad in het buitenland is u het best bevallen?
DORN. Genua.
TREPLJOV. Waarom Genua - van alle steden in de wereld?

De dokter legt uit: het is maar een indruk, de levens lijken daar te meanderen en samen te vloeien – zo ongeveer, voegt hij eraan toe, als de wereldziel in jouw stuk – trouwens, waar is ze nu, die jonge actrice? (Een heel natuurlijke overgang.) Trepljov vertelt Dorn over Nina. Ze had een affaire met Trigorin, kreeg een kind, het kind ging dood; ze is geen goede actrice, hoewel ze inmiddels heel professioneel is, ze speelt grote rollen maar doet dat lomp, smakeloos, ze hort en stoot, gesticuleert. Er zijn momenten dat je enig talent bespeurt in een kreet van haar, zoals wanneer ze sterft, maar dat zijn maar momenten.

Dorn informeert of ze talent heeft en Trepljov antwoordt dat dat moeilijk te zeggen is. (Merk op dat Nina in dezelfde positie verkeert als Trepljov als het gaat om hun artistieke verrichtingen.) Hij vertelt verder dat hij haar van stad naar stad is gevolgd, waar ze ook maar speelde, maar dat zij hem nooit bij haar in de buurt liet komen. Soms schrijft ze. Sinds Trigorin haar heeft verlaten, lijkt ze een beetje de weg kwijt te zijn. Ze ondertekent haar brieven met meeuw. (N.B: het is duidelijk dat Trepljov vergeten is waarmee dat verband houdt.) Hij voegt eraan toe dat zij nu hier is, rondzwerft, niet durft te komen en ook niet wil dat iemand met haar praat.

SORIN. Het was een leuk meisje.
DORN. Wat zeg je?
SORIN. Dat het een leuk meisje was, zei ik.

Dan komt Arkadina terug van het station met Trigorin. (In deze scènes krijgen we ook een beeld van het ellendige lot van Medvedenko die wordt uitgekafferd door zijn schoonvader.) Trigorin en Trepljov overwinnen zichzelf en schudden elkaar de hand. Trigorin heeft een maandblad meegenomen uit Moskou, met daarin een verhaal van Trepljov, en met de nonchalante gulheid van een beroemde schrijver jegens een mindere ster vertelt hij hem dat de mensen geïnteresseerd zijn in hem en hem mysterieus vinden.

Dan gaat iedereen behalve Trepljov zitten om een spelletje te kienen zoals zij altijd doen op regenachtige avonden. Trepljov, tot zichzelf, als hij het maandblad doorbladert: "Trigorin heeft zijn eigen stuk gelezen, maar van mijn verhaal heeft hij nog niet eens de bladzijdes opengesneden." We volgen het kienen, en dit is een zeer kenmerkende en mooie Tsjechov-scène. Het lijkt of hij, om de toppen van zijn genie te bereiken, zijn mensen op hun gemak moet stellen, ze zich thuis moet laten voelen, het ze gemakkelijk moet maken, hoewel dit lichte verveling, sombere gedachtetjes, opwindende herinneringen enz. niet uitsluit. En hoewel de personages hier opnieuw worden getoond in al hun eigenaardigheden of gewoontes – Sorin dommelt weer in, Trigorin heeft het over vissen, Arkadina haalt herinneringen op aan haar successen op het toneel – is dit veel natuurlijker gedaan dan in de onechte dramatische achtergrond van het vorige bedrijf, omdat het heel natuurlijk is dat dezelfde oude streken op dezelfde plek, waarop dezelfde mensen zijn verzameld, voorzichtig en nogal aandoenlijk worden herhaald. Er wordt op gezinspeeld dat de critici Trepljov, de jonge schrijver, nogal hard hebben aangepakt. De nummers van het kienspel worden geroepen. Arkadina heeft geen regel gelezen van het werk van haar zoon. Dan onderbreken zij het spel voor het diner, iedereen behalve Trepljov, die blijft tobben boven zijn manuscripten. Een monoloog – die zo goed is dat we geen last hebben van de conventie: "Ik heb het zo vaak gehad over nieuwe vormen – en nu heb ik het gevoel dat ik langzaam maar zeker zelf wegzink in een sleur." (Net als de meeste professionele opmerkingen in het stuk kan dit van toepassing zijn op Tsjechov zelf, in elk geval in een bepaald opzicht, maar dan alleen als hij blunders maakt, zoals in het vorige bedrijf.) Trepljov leest: "'Haar bleke gezicht omlijst door haar donkere haar.' Dat is waardeloos, dat 'omlijst,'" roept hij uit en streept het door. "Ik begin met de held die wakker wordt van het geluid van de regen – en de rest gaat eruit. De beschrijving van de maneschijn is veel te lang en te ingewikkeld. Trigorin heeft zijn eigen trucs geschapen; voor hem is het makkelijk. Hij laat de hals van een gebroken fles die glinstert op een rivierdam zien en de zwarte schaduw onder het molenrad – dat is alles en het maanlicht is daar; maar bij mij is het allemaal het 'trillende licht' en de 'zacht twinkelende sterren' en de verre klanken van een piano, die 'oplosten in de zachte bedwelmende nachtlucht.' Vreselijk, afschuwelijk..." (Waarmee we en passant een mooi gedefinieerd onderscheid tussen Tsjechovs kunst en die van zijn tijdgenoten hebben gekregen.)

Daarna volgt de ontmoeting met Nina, die vanuit het standpunt van het traditionele toneel beschouwd kan worden als de belangrijkste scène, en wat ik genoemd heb, de bevredigende scène van het stuk. Eigenlijk is hij heel goed. Haar manier van praten is hier veel meer des Tsjechovs, als hij zich niet meer bekommert om het beschrijven van zuivere, enthousiaste, romantische meisjes. Zij is moe, overstuur, ongelukkig, een wirwar van herinneringen en bijzonderheden. Zij houdt nog steeds van Trigorin en negeert de geweldige emotie van Trepljov, die voor de laatste keer probeert haar zover te krijgen dat ze bij hem blijft. "Ik ben een meeuw," zegt ze zonder enig duidelijk verband. "Nu haal ik dingen door elkaar. Weet je nog dat je ooit een meeuw hebt doodgeschoten? Er kwam toevallig een man langs, hij zag de vogel en doodde hem. Idee voor een kort verhaal. Nee.... Ik raak weer in de war." "Blijf nog even, ik geef je iets te eten," zegt Trepljov, die zich aan zijn laatste strohalm vasthoudt. Het is allemaal heel erg goed gedaan. Zij hoeft niets, spreekt weer over haar liefde voor Trigorin die haar zo lomp heeft laten vallen, schakelt dan over op de monoloog van Trepljovs toneelstuk, uit het begin van het eerste bedrijf, en gaat er snel vandoor.

Het einde van het bedrijf is schitterend.

TREPLJOV (*na een pauze*). Het zou spijtig zijn als iemand haar in de tuin tegenkwam en het dan aan mama zou vertellen.
[*Bedenk dat dit zijn laatste woorden zijn, omdat hij na emotieloos zijn manuscripten te hebben vernietigd de deur rechts opendoet en naar een binnenkamer loopt waar hij zichzelf weldra zal doodschieten.*]
DORN (*probeert de deur links open te krijgen* [*waartegen Trepljov een paar momenten geleden een leunstoel had gezet om niet te worden gestoord terwijl hij met* NINA *sprak*]). Raar... Het lijkt of de deur op slot is. (*Eindelijk lukt het hem binnen te komen door de leunstoel weg te duwen.*) Hm... Het lijkt wel een hordeloop.
[*De anderen komen ook terug van het diner.*] (*ARKADINA, de SJAMRAJEVS, MASJA, TRIGORIN, de bediende met wijn en bier.*)
ARKADINA. Zet hier maar neer. Het bier is voor Trigorin. We zullen drinken en verdergaan met het spel. Laten we gaan zitten.
[*Er worden kaarsen aangestoken.*] (*SJAMRAJEV leidt TRIGORIN naar een ladekast.*)

SJAMRAJEV. Kijk, hier is de vogel die u me vorige zomer had gevraagd op te zetten.
TRIGORIN. Welke vogel? Ik kan het me niet herinneren. (*Denkt erover na.*) Nee, echt, ik kan het me niet herinneren.
(*Van rechts klinkt een schot. Ze schrikken allemaal op.*)
ARKADINA (*bang*). Wat was dat?
DORN. Ik denk dat ik het wel weet. Er zal iets ontploft zijn in die medicijnkist van me. Maakt u zich geen zorgen. (*Hij gaat de kamer uit en een halve minuut later [terwijl de anderen zich weer aan hun spel zetten] komt hij terug.*) Ja, ik had gelijk. Er was een flesje met ether gesprongen. (*Hij neuriet.*) "O, meisje, opnieuw boei jij me met je charmes..."
ARKADINA (*terwijl ze gaat zitten aan tafel*). Brr, ik ben er echt van geschrokken. Het herinnerde me aan de tijd dat.... (*Zij bedekt haar gezicht met haar handen.*) Het heeft me heel bang gemaakt.
DORN (*bladert het tijdschrift door, tegen* TRIGORIN). Een maand of twee geleden stond er een artikel in... een brief uit Amerika... en ik wilde u vragen... (*Hij leidt* TRIGORIN *[voorzichtig] naar de voorkant van het toneel*)... want, ziet u, de kwestie interesseert me heel erg. (*Met iets zachtere stem.*) - Wilt u alstublieft mevrouw Arkadin naar een andere kamer brengen? Het zit namelijk zo, haar zoon heeft zich doodgeschoten.

Doek.

Nogmaals, dit is een opmerkelijk einde. We zien dat de traditie van de zelfmoord achter de schermen wordt doorbroken door de betrokken hoofdpersoon die niet beseft wat er is gebeurd maar die, als het ware, de echte handeling nabootst door zich een vorige gelegenheid te herinneren. We merken ook op dat het de dokter is die spreekt, zodat we er niet een hoeven te roepen om het publiek tevreden te houden. Merk tot slot ook op dat Trepljov voor zijn mislukte zelfmoordpoging er al over sprak, maar dat er in deze scène niet één toespeling op is gemaakt – en toch is die zelfmoord volmaakt en volledig gemotiveerd.*

* Deze laatste alinea was geschrapt door Nabokov. [noot van de tekstbezorger]

Noten van de vertalers

De navolgende noten bij de vertaling van Nabokovs lezing over Tsjechov hebben voor een deel betrekking op de praktijk van het vertalen, als illustratie van Nabokovs essay *De Kunst van het vertalen*. Alle volgende lezingen van Nabokov in deze serie zullen ook worden voorzien van een klein notenapparaat om iets van het veelvormige en ingewikkelde karakter van het beest dat vertalen heet te laten zien. Alles in de precieze geest van Nabokov, die geen slak te min vond om er zout op te leggen.

Bladzijde 5. *3500 roebel.* 700 roebel volgens Henri Troyat in zijn biografie van Tsjechov. Karel van het Reve (in de *Geschiedenis van de Russische literatuur*, 1985) heeft het over 875 roebel zilver en vertelt verder: 'De familielegende wil, dat hij geen geld meer had om zijn dochter Alexandra vrij te kopen, en dat hij die toen van zijn "heer", een graaf Tsjertkov, cadeau gekregen heeft.'

Bladzijde 6. *Zijn eerste twee verhalenbundels.* In feite zijn *Bonte verhalen* en *In de schemering* de tweede en de derde verhalenbundel. De eerste, *Sprookjes van Melpomene*, verscheen in 1884 in eigen beheer, onder het pseudoniem A. Tsjechonte.

Bladzijde 10. *ver van familie en vrienden.* Nabokov laat na te vermelden dat zijn vrouw Olga Knipper wel bij hem was.

Bladzijde 11. *De nieuwe villa.* Tsjechov: *Новая дача:* de nieuwe datsja, in het Nederlands meestal vertaald als *De nieuwe villa*. In het Engels is het meestal ook *The New Villa*, hoewel het evengoed een zomerhuisje is als alle datsja's, alleen groter dan normaal.

Bladzijde 11. *Zwanen zijn het, echte zwanen.* Tsjechov: Чистые лебеди! Je reinste zwanen! Nabokov: Swans, real swans. Charles B. Timmer: Je zuiverste ras!

Bladzijde 12. *een ziekte die hij "gryz'" (hernia) noemde of "glisty" (wormpjes).* Грызъ is wat op het Russische land vroeger elke knagende pijn in buik en ingewanden werd genoemd. Het is een contaminatie van *gryzt'*, knagen en *gryzja*, een breuk in de zin van een uitzakking van een ingewand. 'Hernia' kan hetzelfde betekenen, daarom vertaalt Nabokov het zo (of neemt het over van een bestaande vertaling), hoewel hernia allereerst bekend is als een tussenwervelverschuiving. Timmers vertaling 'jicht' kan darmjicht betekenen, een soort krampen of kolieken, maar jicht is allereerst bekend als een gewrichtsstoornis. Misschien is gryz' beter te vertalen met snijdingen of knagingen. In Tsjechovs verhaal *Убийство* (Een moord) komt ook iemand met *gryz'* voor, dit keer als gevolg van het tillen van een zware kist. Een breuk dus, maar hier vertaalt Timmer beide betekenissen (de knaag en een breuk) en omschrijft het ene Russische woord met vijftien Nederlandse: 'hoe hij een breuk had opgelopen en dat hij daar een geknaag van had overgehouden.' De wormen of wormpjes van de niksende oude baas zijn bij Timmer lintwormen geworden.

Bladzijde 12. *in een patisserie.* Of een banketbakkerij, of een Konditorei, type Kwekkeboom. Tsjechov: служившего в Харькове в кондитерской. Nabokov: who worked in a candy shop. Timmer: die in Charkov kellner was in een restaurant.

Bladzijde 14. *die rilt in haar mousseline jurk in de herfstnacht.* Tsjechov: рубашечка: eigenlijk dus haar 'dunne blousje', zoals Aleida G. Schot en Timmer het vertalen. En in plaats van een herfstnacht, zoals Nabokov schrijft, is het bij Tsjechov een 'melancholieke augustusnacht, – melancholiek omdat het reeds naar de herfst rook' zoals een bladzijde eerder staat beschreven.

Bladzijde 15. *de volkse maar goedbedoelde naam.* De voerman van de kar spreekt haar aan met haar patroniem, Vasiljevna.

Bladzijde 24. *informeerde hij beminnelijk.* Hoe vriendelijk is vriendelijk? Tsjechov: он спросил приветливо. Nabokov: he inquired affably. Schot: vroeg Goerof beleefd. Timmer: vroeg hij vriendelijk. Marko Fondse: vroeg hij hoffelijk. Marja Wiebes & Margriet Berg: vroeg hij vriendelijk.

Bladzijde 25. *met maar één geheim doel dat ze wel moest kunnen raden.* Weet Anna Sergejevna in haar onschuld wel wat alle mannen willen? Of moet ze het echt maar raden? Tsjechov: о которой она не может не догадываться: dat ze niet niet kon raden. Nabokov: which she could hardly fail to guess. Schot: die haar nauwelijks ontgaan kon. Timmer: waarnaar zij niet hoefde te raden. Fondse: waarover zij met geen mogelijkheid in het ongewisse kon verkeren. Wiebes & Berg: die ze waarschijnlijk wel bevroedde.

Bladzijde 26. *vertroost en betoverd door de sprookjesachtige omgeving.* Wie zit er nu eigenlijk vredig en rustig en betoverd door de natuur op het bankje aan de zee? Tsjechov: Сидя рядом с молодой женщиной, которая на рассвете казалась такой красивой, успокоенный и очарованный в виду этой сказочной обстановки... Goerov dus, zoals ook Nabokov vertaald. Ook Schot ziet de verbuiging goed: Terwijl hij daar zat, zo vredig en zo bekoord... Maar de drie latere Nederlandse vertalers zien de nominativus aan voor de vijfde naamval, de instrumentalis, of althans het heeft er alle schijn van. Timmer: Naast die jonge vrouw gezeten, die er in het prille ochtenduur zo mooi uitzag, verstild en onder de bekoring van de sprookjesachtige omgeving... Fondse: Gezeten naast de jonge vrouw, die bij het aanbreken van de dag zo mooi was, verstild en betoverd door deze sprookjesachtige omgeving... Wiebes & Berg: Gezeten naast die jonge vrouw, die er in de ochtendschemering zo mooi uitzag, zo rustig en onder de bekoring van die sprookjesachtige sfeer... In deze drie nieuwere vertalingen kun je het eigenlijk niet anders lezen dan verkeerd, namelijk dat Anna Sergejevna verstild en betoverd is, terwijl Goerov dat is, een sentimenteel manspersoon immers. Waarom eigenlijk hervertalingen maken als er in plaats van fouten verbeterd, fouten bijgemaakt worden? Alleen omdat het taalgebruik verouderd zou zijn? Het gekke is dat zoiets nooit over Tsjechov wordt gezegd, dat zijn verhalen wegens verouderd taalgebruik eens helemaal herschreven zouden moeten worden. Het schijnt – en uit dit voorbeeld blijkt – dat de meeste hervertalers er uit principe hun voorgangers niet bijhouden of op naslaan, omdat ze 'bang zijn beïnvloed te worden.' Zo kunnen we lang wachten op een foutloze vertaling.

Bladzijde 26. *toen hij haar uitgeleide gedaan had.* Tsjechov: уходя с платформы - Пора! 'toen hij het perron afliep. — 't Is tijd!' Nabokov: as he returned after seeing her off. Nabokov (of de Engelse vertaler van wie hij de tekst overneemt) verandert hoogst on-Tsjechoviaans de plek waar Goerov is in de reden waarom hij daar is, terwijl de lezer dat zelf kan bedenken.

Bladzijde 26. *Van Florida terug naar Ithaca.* Ithaca, gelegen op de lijn Amsterdam-Duinkerken, enkele kilometers ten oosten van Sidney en Delhi in de staat New York, was de plek waar Nabokov lesgaf aan de Cornell universiteit. Van het warme zuiden terug naar het barre noorden, maar ook naar de waarlijk Homerische thuishaven, het Ithaca in Griekenland waar Penelope op Odysseus wacht aan het weefgetouw, omringd door vrijers.

Bladzijde 28. *Een onontkoombare schutting.* Tsjechov: От такого забора убежишь: Voor zo'n schutting loop je weg. Nabokov: An unescapable fence. Probleem: loop je nu (gillend) weg voor zo'n schutting, in de armen van de echte liefde bijvoorbeeld, of is de schutting een onontkoombare muur, zoals Nabokov omschrijvend vertaalt? Hoe je de zin leest hangt van de intonatie in het Russisch af en die heeft Tsjechov er niet bijgeleverd. Tsjechov wilde sowieso nooit vertellen hoe je een zin moest lezen aan acteurs die met die vraag kwamen. 'Alles staat er. Ik heb alles opgeschreven.' Hoe je het moet lezen zou duidelijk moeten zijn uit de hele context. Zoals Nabokov de zin leest zou geen enkele niet-Rus hem kunnen lezen. Hij leest het als een uitroep van wanhoop: Loop maar eens weg voor zo'n schutting, dat lukt je niet. De vier Nederlandse vertalingen hebben gekozen voor een variant van 'voor zo'n schutting zou je weglopen', wat het verhaal een romantische inslag geeft die Tsjechov waarschijnlijk niet bedoelt. Want waarom zou Goerov denken dat Anna Sergejevna is weggelopen of nog gaat weglopen voor de schutting, dat wil zeggen voor haar grijze leven waar de spijkers van ellende uitsteken? Dat zou nog getuigen van hoop, maar de situatie van Goerov en Anna is juist uitzichtloos en blijft dat tot het eind van het verhaal. Nabokov leest de zin dan ook als versterking van die hopeloosheid.

Bladzijde 30. *(in feite 37° erboven, in Fahrenheit).* Voor zijn Amerikaanse studenten rekent Nabokov de graden Celcius om: 32° Fahrenheit is het vriespunt. Maar Nabokov vergist zich. Het is in feite 5° Fahrenheit boven het vriespunt, dat wil zeggen drie graden Celcius, en geen 37, zoals Nabokov suggereert. Het is 37 graden boven het nulpunt in Fahrenheit, dat dan weer wel.

Bladzijde 34. *In het geuldal.* In het Russisch *В овраге*. Nabokov vertaalt het als *In the Gully* maar zegt erbij dat het verhaal in het Engels meestal vertaald wordt als *In the Ravine*. De situatie is vergelijkbaar in het Nederlands: hier is het altijd als *In het ravijn* vertaald, hoewel de inzinking waarin het dorp ligt, geen ravijn is, ook geen vallei, maar iets daartussenin: een geul of geuldal.

Bladzijde 36. *de fabrieken voor bedrukt katoen.* Er bestaat een neiging bij vertalers om als ze het niet begrijpen er toch iets begrijpelijks van te maken. De drie Oekléjevose fabrieken zijn fabrieken waar katoen wordt bedrukt of geverfd. Bij Tsjechov: ситценабивные фабрики, sitsfabrieken (het woord sits in het Russisch is afkomstig uit het Nederlands). Nabokov vertaalt het dan ook als 'the calico-printing mills', terwijl Timmer en M. Budimir & Theo J. Van der Wal, het gewoon over 'katoenfabrieken' hebben.

Bladzijde 37. *oranje peccothee.* Tsjechov: цветочный чай: bloementhee, zoals ook Timmer vertaalt. Nabokov maakt er om duistere redenen orange pekoe tea van. Timmer: bloementhee. Budimir & Van der Wal maken er keizerthee van, om even duistere redenen.

Bladzijde 37. *Lipa.* Nabokov vertelt erbij hoe zijn Amerikaanse studenten de naam moeten uitspreken: "(pronounced Leepa)" (spreek uit Lieh-Pôh).

Bladzijde 37. *werkster.* Tsjechov noemt haar een dagloonster, подёнщица, maar Nabokov houdt het op werkster (charwoman), om straks Lipa's toekomstdroom duidelijker te kunnen omschrijven: zij droomt dan hardop dat haar zoontje Nikifor als hij groot is haar zal helpen met schoonmaken. Maar een dagloonster doet nog wel ander werk, zoals uit het slot van het verhaal blijkt, als Lipa en haar moeder gewerkt hebben om bakstenen in wagons te laden.

Bladzijde 38. *de week van Sint Thomas.* Bij Tsjechov: на Красной Горке, op de Rode Berg, zoals de week na Pasen heet waarin er na veertig dagen vasten weer getrouwd kon worden. Tsjechov begint zijn verhaal De Rode Berg uit 1885 aldus: 'Zo heet bij ons de week van Sint Foma [Thomas]. Bij de oude Russen was het de naam van het feest ter ere van de lente, maar na verloop van tijd werd het hetzelfde als de week van Sint Foma.' Tsjechov gebruikt overigens 'de week van Sint Foma' vaak in zijn correspondentie. Het feest heet de Rode Berg omdat op de heuveltoppen de sneeuw in de lente het eerst ontdooid was, en красный zowel 'mooi' als 'rood' kan zijn (vergelijk het Rode Plein). Timmer vertaalt het als 'de zondag na Pasen' en Budimir & Van der Wal laten de tijdsaanduiding helemaal weg, net zoals ze op bladzijde 38 de sekte weglaten waar de naaisters lid van zijn, de Flagellanten.

Bladzijde 39. *een rode ketting waar balletjes aan hingen.* Nabokov heeft het over een 'red metal cord with little balls hanging on it', terwijl Tsjechov niets over metaal zegt: красный шнурок с шариками: een rode veter met balletjes, maar misschien weet Nabokov wel hoe zo'n feestsnoer eruitziet of heeft uitgezien. Timmer: een rood koordje met pompons eraan. Budimir & Van der Wal: een rood snoer met balletjes.

Bladzijde 43. *beignets.* Tsjechov: олады, dat zijn een soort pannenkoekjes van beslag waarin velerlei groente en fruit kan zijn verwerkt, van courgettes tot appels. Nabokov vertaalt het als 'fritters', beignets, terwijl zowel Timmer als Budimir & Van der Wal het op 'pannekoeken' houden.

Bladzijde 47. *een grote steelpan.* Tsjechov: большой ковш, dat wil zeggen een grote steelpan bij wijze van kan om water te scheppen uit nog grotere gamellen of tobbes. Nabokov: a big panlike dipper. In de vertaling die hij gebruikt voor zijn lezing staat *pitcher,* kan. Dat streept Nabokov door en zet er dipper voor in de plaats, en zo krijgen zijn studenten het te horen. Nabokov past voor zijn lezingen de bestaande vertaling vaak ingrijpend aan. Timmer: een kan. Budimir & Van der Wal: de tobbe.

Bladzijde 49. *'Ben je zellef! Ben je zellef!'* Tsjechov: И ты такова! И ты такова! Zo ben jij ook! Zo ben jij ook! Nabokov: That's what you are! That's what you are! Timmer: wat-er-brak! wat-er-brak! Budimir & Van der Wal: het leek bijna mogelijk, ruziënde woorden in hun gekwaak te onderscheiden.

Bladzijde 49. *heiligen.* Dat wil zeggen pelgrims of rondtrekkende geestelijken.

Bladzijde 55. *boekweittaart.* Wat staat er op het menu? Eten is altijd moeilijk te vertalen, vergelijk de пряники die Makarytsj voor zijn Natasja heeft gekocht op bladzijde 54, een onvertaalbaar soort geglazuurde, harde kruidkoekjes die Nabokov omzet als 'gingerbread' en bij Timmer en Budimir & Van der Wal respectievelijk 'een stuk koek' en 'peperkoeken' zijn geworden. Hier schrijft Tsjechov кусок пирога с кашей, een stuk taart met (boekweit)pap, met dien verstande dat de boekweit in de boekweitpap de consistentie van rijst heeft: het zijn geroosterde en vervolgens gekookte boekweitgrutten. Nabokov: a piece of pie stuffed with buckwheat. Timmer: een stukje pastei met kool. Budimir & Van der Wal: een stuk gruttekoek. Nabokov heeft hier gelijk, maar zou al dat lekkers dan maar liever niet onvertaald op tafel blijven staan? Vergelijk ook de *beignets* van bladzijde 43.

Bladzijde 56. *Nina Zaretsjnyj.* In het Russisch, en in alle Nederlandse en Engelse vertalingen toto op de dag van vandaag, heet zij Nina Zaretsjnaja, maar Nabokov vertikt het om de Russische vrouwelijke uitgang achter de achternaam te gebruiken, als die wordt voorafgegaan door een aanduiding die duidelijk maakt dat het over een zij gaat, bijvoorbeeld haar voornaam of 'mevrouw'. Hij legt zijn principiële redenen voor deze idiosyncrasie uit in zijn lezing over Tolstoj, wiens *Anna Karenina* hij, ook in *De kunst van het vertalen*, steevast *Anna Karenin* noemt.

Bladzijde 57. *de naam van Duse.* Eleanore Duse (1858-1924), vermaard Italiaans actrice en (vanaf 1894) tien jaar lang de minnares van D'Annunzio en de hoofdrolspeelster in zijn toneelstukken. In 1889 begon zij in Egypte aan een wereldtournee die haar drie keer naar Amerika bracht en door heel Europa voerde, waarbij zij ook Rusland aandeed. In 1900 zag de achttienjarige James Joyce haar in Londen spelen in D'Annunzio's *La Gioconda* en *La Città Morta*. Hij schreef haar een vererende brief met lofdicht, 'misschien', aldus Joyce-biograaf Richard Ellmann, 'in de hoop D'Annunzio's opvolger te worden in haar genegenheid', en hij kocht haar portret voor op zijn schrijftafel thuis.

Bladzijde 58. *U blijft me maar uithoren over fossiele nullen.* Tsjechov: Вы всё спрашиваете про каких-то допотопных, u vraagt de hele tijd over mensen van voor de zondvloed, waarbij допотопных een bestaand woord is en vertaald zou moeten worden als voorwereldlijken of voorzondvloedigen, als dat bestaande woorden waren. Nabokov: You keep asking me about antediluvian nobodies. Timmer: U vraagt me altijd maar uit over die fossielen. Schot: U vraagt mij aldoor over mensen van voor de zondvloed. Chiem van Houweninge & Ton Lutz: U vraagt mij voortdurend naar wezens uit het stenen tijdperk. Yolanda

Bloemen & Marja Wiebes: U vraagt mij voortdurend naar figuren uit de oertijd. Zoveel zielen zoveel zinnen.

Bladzijde 61. *in de wind sloeg.* In de tekst van Nabokov staat *flaunting* (waarmee hij pronkte), terwijl bedoeld moet zijn *flauting* (die hij in de wind sloeg).

Bladzijde 61. *Peter.* In het Russische origineel Petroesja, Pjottertje dus, maar Peter bij Nabokov.

Bladzijde 64. *ik ben geroerd.* Tsjechov: я волнуюсь. Nabokov: I am moved. Timmer: ik raak op dreef. Schot: ik sta me op te winden. Van Houweninge & Lutz: ik wind me op. Bloemen & Wiebes: ik vind het opwindend. Trigorin zegt dat hij het weliswaar fijn vindt om met Nina te zijn en erdoor is geroerd – zijn gevoelens zijn bij haar – maar desondanks trekken zijn gedachten hem toch altijd naar zijn werk terug.

Bladzijde 64. *donkerharige toeschouwers ... blonde toeschouwers.* Tsjechov, Nabokov, Bloemen & Wiebes laten in het midden of het om mannen of vrouwen gaat, Timmer en Schot kiezen voor brunettes en blondines en Van Houweninge & Lutz bewandelen de gulden middenweg: zij hebben het over donkerharigen en blondines.

Bladzijde 65. *Man komt toevallig langs, een blik, een opwelling, en de meeuw is er geweest.* Tsjechov schrijft Trigorins aantekeningen helemaal uit in grammaticale Russische zinnen (en zo hebben de Nederlandse vertalers het ook vertaald). Nabokov echter richt de aandacht op de professionaliteit van de schrijver en maakt er trefwoorden van, om straks zijn verbazing te kunnen etaleren dat zulke summiere aantekeningen toch kunnen leiden tot mooie, afgeronde verhalen.

Bladzijde 69. *het pijnbomenwoud van maagden.* Tsjechov: Девичий бор, een woud van meisjes. Nabokov: the pine grove of maidens. Misschien is het een contaminatie van 'maagdelijk bos' en 'dennenwoud', maar het is zonder context moeilijk uit te maken waarom Trigorin de woorden optekent. Timmer, Van

Houweninge & Lutz en Bloemen & Wiebes hebben allen 'maagdenbos'; Schot houdt het op 'maagdenwoud'. Tom Stoppard (1997) bespreekt enige eerdere Engelse vertalingen: Gems en Young hebben er 'virgin forest' van gemaakt, wat geen bijzondere uitdrukking is en Trigorin niet hoeft op te schrijven. Michael Frayn had 'virgins' forest', dat wel een nieuwe uitdrukking kan zijn maar weer niet zo klinkt dat Trigorin het een 'mooie uitdrukking' vindt. Dilemma voor de vertaler! Een bijzondere uitdrukking verzinnen die niet goed klinkt, of een bestaande uitdrukking verzinnen die niet de moeite waard van het opschrijven is. Stoppard zelf vertaalt het dan met 'virgin territory', wat een cliché is, en lost het probleem dan op door te zeggen dat Trigorin 'iemand die uitdrukking hoorde gebruiken', met de suggestie dat Trigorin er een eigen draai aan gaat geven in een verhaal dat hij gaat schrijven. 'Een (heel) dennenbos aan meisjes' zou in het Nederlands misschien nog het beste zijn.

Verantwoording

Het essay van Nabokov maakt deel uit van Vladimir Nabokov, *Lectures on Russian Literature*, redactie en introductie Fredson Bowers, Harcourt Brace Jovanovich Publishers, New York en Londen, 1981.

Voor citaten uit Tsjechovs verhaal *De dame met het hondje* gebruikt Nabokov de vertaling van Avrahm Yarmolinsky in *The Portable Chekhov* (Viking Penguin Inc. 1947, 1968, 1975), die hij hier en daar eigenhandig aanpast.

Citaten uit Tsjechovs verhaal *In het geuldal* betrekt Nabokov uit de vertaling van Constance Garnett, een van Nabokovs zwartste schapen, in Anton Chekhov, *The Witch and Other Stories* (Macmillan Co. Inc. 1918, 1946), maar ook hier doet hij aanpassingen.

Tsjechovs woorden zijn in het Nederlands vertaald zoals Nabokov ze overlevert. Voor het notenapparaat 'Nieuwe ansichten uit Vertalië' zijn de volgende vertalingen geraadpleegd:

A. Tsjechof, *De dame met het hondje en andere verhalen*, vertaald door Aleida G. Schot, Contact, Amsterdam, 6de druk 1973.

Anton P. Tsjechow, *Verzamelde Werken, deel V, Verhalen 1880-1903*, vertaald door Charles B. Timmer, G.A. Van Oorschot, Amsterdam, 1958. Daarin: *In het ravijn* en *De dame met het hondje*.

Anton Tsjechow, *15 beroemde verhalen*, uit het Russisch vertaald, L.J. Veen, Wageningen, 1973. Daarin *De dame met het hondje* (vertaald door Marko Fondse) en *In het ravijn* (vertaald door M. Budimir en Theo J. van der Wal).

Anton Tsjechov, *Verhalen*, vertaald door Marja Wiebes en Margriet Berg, Contact, Amsterdam 2002 (1993). Daarin *De dame met het hondje*.

Anton Tsjechof, *De Meeuw, Oom Wanja, De drie zusters, De kersenbongerd*, vertaald door Aleida G. Schot, Meulenhoff, Amsterdam, 1966.

Anton P. Tsjechow, *Verzamelde Werken, deel VI, Toneel*, vertaald door Charles B. Timmer, G.A. van Oorschot, Amsterdam, 1979 (1956).

Anton P. Tsjechow, *'n Meeuw*, vertaald door Chiem van Houweninge en Ton Lutz, International Theatre Bookshop, Amsterdam, 1989 (1977).

A.P. Tsjechov, *De meeuw*, vertaald door Yolanda Bloemen en Marja Wiebes, Stichting de Lantaarn, Leiden, 1988.

Anton Chekhov, *The Seagull*, a new version by Tom Stoppard, Faber and Faber, Londen en Boston, 1997. In zijn inleiding verwijst Stoppard ook naar eerdere vertalingen van Gems, Young en Frayn.

Colofon

Tsjechov – De kunst van het lezen van Vladimir Nabokov werd uit het Engels vertaald en van noten voorzien door Robbert-Jan Henkes en Erik Bindervoet. De tekeningen van Anton Tsjechov en Vladimir Nabokov werden gemaakt door Erik Bindervoet. De opmaak was in handen van Arjen Abbestee. *Tsjechov – De kunst van het lezen* werd in opdracht van Uitgeverij Hoogland & Van Klaveren gezet uit de Seria en gedrukt door drukkerij Krips te Meppel.

De vertalers ontvingen voor deze vertaling een werkbeurs van de Stichting Fonds voor de Letteren

**Eerder verschenen bij
Uitgeverij Hoogland & Van Klaveren**

van Anton Tsjechov
Tsjechov *Brieven* Gorki (2000)
Tsjechov *Brieven* Stanislavski (2001)
Tsjechov *Brieven* Knipper (2002)

van Vladimir Nabokov
Gedichten (2002)

Andere titels van Vladimir Nabokov in voorbereiding

De kunst van het lezen- Gogol
De kunst van het lezen- Dostojevski
De kunst van het lezen- Toergenjev
De kunst van het lezen- Tolstoj